AF546527

Peter Hahne

Leid – und wo bleibt Gott?

LEID

und wo bleibt Gott?

PETER HAHNE

Bibliografische Information der Deutschen Nationalbibliothek:
Die Deutsche Nationalbibliothek verzeichnet diese Publikation in der Deutschen Nationalbibliografie; detaillierte bibliografische Daten sind im Internet über http://www.dnb.de abrufbar.

Peter Hahne
Leid – und wo bleibt Gott?

Best.-Nr. 271947
ISBN 978-3-86353-947-4

2. Auflage 2025

Am Güterbahnhof 26 | 35683 Dillenburg
info@cv-dillenburg.de
(Dieses Werk erschien bereits unter dem Titel:
„Leid – Warum lässt Gott das zu?" bei mediaKern GmbH)

Satz und Umschlaggestaltung:
Christliche Verlagsgesellschaft mbH
Umschlagmotive: Privat (Bild von Peter Hahne);
© Shutterstock.com/Here (Hintergrund),
STILLFX (Zeitungspapier)

GGP Media GmbH, Pößneck
Printed in Germany

Wenn Sie Rechtschreib- oder Zeichensetzungsfehler entdeckt haben, können Sie uns gern kontaktieren: info@cv-dillenburg.de

Inhalt

Peter Hahne: Bote schlechter Nachrichten

Ein Wort zuvor

Kaum jemand hat einem Massenpublikum so viele schlechte Nachrichten präsentiert wie Peter Hahne. Zu seinem Abschied als ZDF-Nachrichtenmoderator in »heute« und »heute journal« sagte er nach seiner knapp 50-jährigen Berufskarriere: »Ich habe den Zuschauern täglich ›Guten Abend‹ gewünscht, um ihnen dann zu sagen, dass eigentlich gar kein guter Abend ist, weil so viel Schreckliches passiert ist.«

Kriege und Katastrophen, Terror und Tod beherrschen die Nachrichten. Leid und Elend gehören zur Tagesordnung. Wie er das verkrafte, wurde Peter Hahne einmal von der HÖR ZU gefragt: »Ohne meinen Glauben und mein Gebet zu Jesus Christus schaffe ich das nicht!«

Kein Wunder, dass unter seinen vielen Büchern mit einer Auflage von inzwischen neun Millionen eines der Gefragtesten ist: *Leid – und wo bleibt Gott?* Von keinem seiner Bestseller wird so sehr ein Neudruck verlangt wie von diesem.

Ich bin Peter Hahne also dankbar, dass er einer neuen Veröffentlichung zugestimmt hat. Und dass er keine billigen Antworten gibt: »Beim Thema

Leid gibt es nur eine Alternative: Entweder ich werde mit dem Leid fertig – oder das Leid macht mich fertig. Wir brauchen also Antwort!«

Nun – dieses besondere Buch hat auch eine besondere Geschichte: 1988 erschien es im Hänssler-Verlag, 2012 wurde es erweitert und vom Verlag mediaKern herausgegeben (siehe das Vorwort von Karlheinz Kern). Und jetzt freuen wir uns auf diese Neuauflage.

Peter Hahne gibt Lebenshilfe und zeigt anhand vieler Erlebnisse, wie Menschen mit dem Leid umgegangen sind und wie sie Hoffnung und Trost gefunden haben – nicht zuletzt in der Beziehung zu Jesus Christus, dem Sohn Gottes, der selbst gelitten hat wie sonst niemand.

In diesem Sinne wünschen wir jedem Leser Gottes Segen.

Hartmut Jaeger, Christliche Verlagsgesellschaft
Dillenburg, im Februar 2024

Wozu dieses Buch?

»Wo war Gott in Japan?« So titelte die Wochenzeitung *Die Zeit* nach dem verheerenden Erdbeben am 11. März 2011 und der anschließenden dramatischen Nuklearkatastrophe von Fukushima. Es war die zentrale Frage eines Interviews mit dem bedeutenden Philosophen Robert Spaemann. »Mein Gott, warum?«, klagte in riesigen Lettern die *Bild*-Zeitung, nachdem die verscharrte Leiche der 12-jährigen Ulrike in einem Brandenburger Wald gefunden worden war. Der 25-jährige Täter hatte das Mädchen entführt, brutal vergewaltigt und bestialisch ermordet.

»Will das ein Gott der Liebe sein?«, klagen Leute, die einen persönlichen Verlust erlitten haben, die am Grab eines geliebten Menschen weinen oder ihre eigene Krebsdiagnose verkraften müssen. Ob großer Weltzusammenhang oder kleiner persönlicher Alltag: Die Frage nach Gott in all dem Leid, nach seiner Liebe und Gerechtigkeit treibt Gläubige und Zweifler, Christen wie Atheisten gleichermaßen um. Die Verächter des Glaubens und die, die mit Ernst Christ sein wollen, quält diese Frage, die nach Antwort schreit.

Peter Hahne, einer der prominentesten und profiliertesten deutschsprachigen Journalisten, hat dazu in den 1980er-Jahren ein viel beachtetes Buch geschrieben. »Die vielen schrecklichen Katastrophennachrichten und die erschütternden Schicksale gequälter Kinder fordern mich als Christ heraus, nach neuen Antworten auf die alte

Menschheitsfrage zu suchen«, meinte der TV-Moderator damals. Im Februar 2012 gestand er gemeinsam mit dem Chefsprecher der *Tagesschau,* Jan Hofer, im ZDF-Talk *Markus Lanz,* wie sehr auch einem Nachrichtenprofi Schreckensmeldungen unter die Haut gehen. Sein Buch, in Millionenauflage verbreitet, wurde zum Mega-Bestseller und vielen zum Trost und zur Hilfe, für sich persönlich eine Antwort zu finden. Hahne redet Klartext und schreibt so, dass jeder es verstehen und nachvollziehen kann.

»Zu keinem anderen Buch habe ich je so viele Briefe und Mails erhalten, die mich zutiefst erschüttern, aber auch erleichtern, dass viele Leser über quälenden Zweifeln zur Ruhe gekommen sind. Zu den ergreifenden Dokumenten gehören Briefe, die mir Angehörige ermordeter Kinder geschrieben haben. Wenn ich ihnen nur ein bisschen helfen konnte, hat sich alles gelohnt«, berichtet Hahne und fügt hinzu: »Dabei biete ich weder Patentrezepte noch Paradeantworten, die gibt es nämlich nicht.« Dennoch ist es Peter Hahne gelungen, den zahllosen Lesern seinen Grundsatz mitfühlend und überzeugend zu verdeutlichen: Entweder werden wir mit dem Leid fertig oder das Leid macht uns fertig. Denn Leid gehört zu dieser Welt und zu unserem Leben. Leid lässt sich weder verdrängen noch verleugnen, weder verniedlichen noch verharmlosen. Nicht Zeit heilt alle Wunden, sondern der Trost aus der Ewigkeit. Deshalb dieses Buch mit diesem Thema. Es wurde an vielen Gräbern, in vielen Trauerfeiern, in vielen Krankenhäusern weitergegeben, um dem Unfassbaren Worte zu geben.

So verschickte eine private Initiative das Buch nach dem verheerenden ICE-Unglück, das am 3. Juni 1998 auf der Bahnstrecke Hannover–Hamburg im niedersächsischen Eschede 101 Menschenleben forderte, an Angehörige der Toten, an Opfer, Helfer und Bahnpersonal. Das Echo war einhellig: »Das hat wenigstens ein bisschen Licht in die dunkle Verzweiflung gebracht; über ungelösten Fragen bin ich zur Ruhe gekommen; der Blick in den Himmel macht mein Leben auf dieser sinnlosen Erde leichter ...«

Diese Resonanz auf den Bestseller *Leid – warum lässt Gott das zu?* und unzählige Nachfragen nach dem vergriffenen Buch haben unseren Verlag mediaKern dazu ermutigt, Peter Hahne zu einer Neuauflage zu bewegen. Wir sind dankbar, dass er seine bewährten Texte und Vorträge noch einmal völlig neu überarbeitet und aktualisiert hat. Er nimmt damit viele Fragen und Berichte auf, die ihn in den letzten Jahren erreicht haben.

Peter Hahne geht es nicht um theoretisch-philosophische Gedankenakrobatik, auch nicht um eine nüchtern-kalte Abhandlung theologischer Denkmodelle. Er nimmt die wohl quälendste aller Menschheitsfragen ernst und zeigt ganz praktisch, wie Betroffene mit dem Leid fertigwerden, was sie tröstet und ihnen neue Hoffnung gibt. Damit bleibt der TV-Moderator und *Bild am Sonntag*-Kolumnist seinem Markenzeichen treu: Wir brauchen keine Angstmacher, sondern Mutmacher. Keine Bedenkenträger, sondern Hoffnungsträger.

Karlheinz Kern, Verlag mediaKern, im März 2012

Leid ohne Trost?

Warum das Leid? Diese uralte Frage stellt sich immer wieder neu. Katastrophen und Kriege, Trauer und Tränen, Kummer und Schmerzen, Elend und Not, Verzweiflung und Enttäuschungen: Die Frage nach dem Leid will nicht verstummen. Jeder ist betroffen. Auch Christen. Leid und Schmerz gehören zu den grundlegenden Erfahrungen des Lebens.

Vor dem Leid sind sozusagen alle gleich. Gläubige und Zweifler, Arm und Reich, Jung und Alt. Der Weltöffentlichkeit wurde das wieder vor Augen geführt, als der Sohn der niederländischen Königin Beatrix im Februar 2012 schwer verunglückte. Prinz Friso (43), Vater von zwei kleinen Töchtern, war beim Skilaufen im österreichischen Lech von einer Lawine erfasst und verschüttet worden. Die Rettungskräfte kamen zu spät, um ihn noch heil zu bergen. Als er endlich im Universitäts-Krankenhaus von Innsbruck war, hatte sein Herz 50 Minuten still gestanden, sein Gehirn hatte kein Blut und damit keinen Sauerstoff bekommen. Die Schäden waren irreparabel, der Prinz fiel ins Koma.

Erschüttert nahm die Welt Anteil am Leid der Familie, die Nachrichten berichteten laufend. Man sah die weinende Mutter, die verzweifelte Ehefrau, den fassungslosen Kronprinzen. In Leid, Schmerzen und Sterben sind alle gleich, da nützen weder Adelstitel noch Bankkonto. Ich musste an den bewegenden Roman *Der Vater* von

Jochen Klepper denken, den die Nationalsozialisten kurz nach Erscheinen 1937 verboten, womit Kleppers Verfolgung begann, die schließlich im Selbstmord endete. Der fromme Autor beschreibt den Vater-Sohn-Konflikt zwischen den legendären Preußenkönigen Friedrich Wilhelm I. und seinem Sohn Friedrich dem Großen, dessen 300. Geburtstag Anfang 2012 gefeiert wurde.

Als der Vater sterbenskrank daniederlag, heißt es: »Ein König ist arm, wenn er einen Arzt braucht.« Dann zählen keine Krone und keine Macht. Dann ist er, wie jeder andere Mensch auch, nur noch auf Gott und den Arzt angewiesen, meint Friedrich der Große. So ging es der beliebten niederländischen Königsfamilie, die denselben Schmerz erleiden musste wie all die anderen Unbekannten auch, die im Innsbrucker Klinikum um Angehörige bangten. Das Leid trifft alle gleich, die Tränen einer Mutter, die Ängste einer Familie, das trifft Christen und Spötter, Herrn Meier, Frau Lehmann und einen Prinzen gleichermaßen. Dem Leid kann niemand entrinnen.

Jochen Klepper spitzt das sogar zu und gibt damit bereits einen versteckten Hinweis, wie er die besondere Leid-Betroffenheit von Christen versteht. Er stellt seinem Roman das Zitat von Friedrich Wilhelm I. voran: »Könige müssen mehr leiden können als andere Menschen.« Als »Königskind Gottes« hat der Schriftsteller und Liederdichter *(Die Nacht ist vorgedrungen)* dies bitter erfahren müssen. Gegen den Widerstand seiner Eltern heiratete er die jüdische Witwe Johanna Stein, die zwei Töchter mit in die Ehe brachte. Seine Frau drängte ihn 1939 zur

Scheidung, damit wenigstens er den Holocaust überleben könnte. Klepper lehnte das energisch ab. Eine Tochter konnte noch rechtzeitig emigrieren, die Ausreise der anderen verhinderte Adolf Eichmann persönlich.

Am 11. Dezember 1942 gingen die drei in den Tod. Jochen Klepper, ein begabter Zeitungs- und Rundfunkjournalist, der durch seine Lieder vielen Trost und Mut gegeben hat *(Ich liege, Herr, in deiner Hut)*, schreibt als letzten Eintrag in sein Tagebuch: »Über uns steht in den letzten Stunden das Bild des segnenden Christus, der um uns ringt. In dessen Anblick endet unser Leben.« Warum hat Gott diesen treuen Christen so leiden lassen?

Die Frage nach Gott im Leid dieser Welt schreit zum Himmel. Atheisten und Christen – sie alle bewegt dieses Thema. Überall ist es zu hören: »Wie kann Gott das nur zulassen?« – »Wo ist denn Gott in all dem Leid?« – »Das soll ein Gott der Liebe sein ...?« Das wühlt uns auf. Das geht an den Lebensnerv. Als der große Schauspieler Heinz Rühmann gefragt wurde, welche Frage er Gott denn stellen würde, wenn er ihm gegenübertritt, antwortete er: »Warum er das Leid zulässt.«

Bei fast allen Tragödien und Katastrophen sind es gerade kritische Journalisten und liberale Blätter, die Gott auf die Titelseite rücken. Anklagend, um Hilfe schreiend oder ohnmächtig fragend. Sie tun etwas, was seit Menschengedenken geschieht, wenn wir mit unserem Latein am Ende sind. Man kann noch so glaubensstark in seinem Atheismus sein, noch so spöttisch oder rational. Wenn es hart auf hart kommt, bleibt auf dieser leidenden

Erde nur der Blick zum Himmel. »Großer Gott, steh uns bei!«, waren die Riesenlettern auf der Titelseite von *Bild* am Tag nach dem Terroranschlag von New York am 11. September 2001.

»Wo warst du, lieber Gott, in Eschede?«, fragte das auflagenstärkste Blatt Europas im Juni 1998, nachdem der verunglückte ICE nahe der niedersächsischen Stadt 101 Menschen in den Tod gerissen hatte. Bei dieser größten Katastrophe der deutschen Eisenbahngeschichte, die das ganze Dilemma unserer Frage zuspitzt, stießen quasi zwei Welten aufeinander. Die Opfer und Angehörigen klagten verzweifelt: »Warum hat Gott uns das angetan? Konnte er nicht die Notbremse ziehen?« Und die Überlebenden sagen dankbar in die Fernsehkameras: »Gott hat mich vor dem Tod bewahrt! Er war unser Nothelfer.« Ja, was ist das nur für ein Gott, dem bei demselben Ereignis die einen danken, den die anderen aber schuldig sprechen?

Eins muss uns von vornherein klar sein: Es gibt keine Patentantworten bei der Frage nach dem Leid und nach dem Sinn hinter all den schrecklichen Katastrophen in der weiten Welt oder in der Enge meines persönlichen Lebens. Vorschnelle Rezepte werden dem Problem nicht gerecht. Auch die fromme Antwort kommt einem nicht mehr über die Lippen, wenn man selbst von Leid betroffen ist. Wer sein Leben in die Hand Gottes gelegt hat, wer ihm vertraut und alles von ihm erwartet und dann Dinge erlebt, die er weder verstehen noch verkraften kann – das geht an den Nerv.

Stehen wir mit unserer Frage im Dunkeln? Gibt es keine Antwort? Denn das hieße ja auch, es gäbe keinen

Trost. Wenn es nämlich keine grundlegende Antwort auf die Sinnfrage gibt, ist alles andere nur die billige Ersatzdroge eines Trostpflästerchens. Das sollten sich diejenigen klarmachen, die den Glauben als Vertröstung aufs Jenseits verspotten. Christen werden niemals aufs Jenseits vertröstet, sondern *aus* dem Jenseits getröstet. Und wohl dem, der mit seinem Leid nicht allein fertigwerden muss.

Wie arm macht sich der, der reich an Spott ist. Gerade in den existenziellen Schicksalsfragen gilt das Sprichwort: »Wer zuletzt lacht, lacht am besten.« Sind wir mit unserem Leid wirklich so allein gelassen, wie wir uns oft fühlen? Für jeden nachdenkenden Menschen stellt sich die Frage: Wozu das Leid? Was ist sein Sinn? Ja, hat es überhaupt einen Sinn?

Die folgenden Seiten wollen Hilfestellung geben, die Frage nach dem Leid zu durchdenken. Vielleicht wirft das sogar noch mehr Fragen bei Ihnen auf und hoffentlich sind es Fragen, die durch Zweifel hindurch und an der Verzweiflung vorbei zum Leben und zur Gewissheit führen. Neben dem Nachdenken und Mitfühlen ist es für mich persönlich immer hilfreich, Menschen zu erleben und zu befragen, die selbst vom Schicksal hart getroffen sind. Wie sind sie damit fertiggeworden? Was gibt ihnen Trost und Hilfe? Wer selber durch die Hölle des Leids gegangen ist, kann ein Garant für verlässliche Antworten sein.

Wenn der sportliche Samuel Koch, der seit seinem schweren Unfall bei der TV-Sendung *Wetten, dass..?* im Dezember 2010 querschnittsgelähmt auf den Rollstuhl angewiesen ist, von »meiner Kraftquelle Jesus Christus«

spricht, dann bedeutet das mehr als tausend theoretische Texte vom grünen Tisch.

Oder die Eltern von Mirco, der im September 2010 bestialisch ermordet und dessen Leiche nach dramatischen Suchaktionen erst fünf Monate später gefunden wurde. Ihnen ist es Trost, dass ihr kleiner Sohn bewusst zu Jesus Christus gehören wollte. »Und bei ihm ist er jetzt«, bezeugen die bekennenden Christen vor Millionen TV-Zuschauern. Sie werden damit zu einem Zeugnis von dem, was in tiefster Tiefe »Freude in allem Leide« (Kirchenlied aus dem Jahr 1598) bedeutet. »Wir wissen, wohin mit unserer Last. Wir bringen sie Gott, jeden Tag aufs Neue«, erklärt Mircos Mutter gegenüber der Evangelischen Nachrichtenagentur *idea*.

Nicht anders haben es uns Märtyrer der Nazibarbarei wie Dietrich Bonhoeffer, Helmuth James Graf von Moltke, Edith Stein oder Sophie Scholl als Testament hinterlassen. Es sind auch diese grundlegenden Glaubenserfahrungen, die das Leid zum Echtheitstest unseres Lebens machen. Deshalb ist es mein Wunsch, dass Christen durch dieses Buch Ermutigung erfahren. Und dass Menschen, die in ihrem Leid an Gott und der Welt verzweifeln und dabei ohne Bindung an Jesus Christus leben, bereit werden, in ihm den Tröster zu entdecken. Zumindest den Versuch sollte es wert sein, denn es geht nicht um belanglose Lappalien, sondern um Grundfragen unserer Existenz. Fragen, die zum Himmel schreien, können am besten auch von dort beantwortet werden.

Hilfeschrei der Ohnmächtigen

13. Februar 1947. Der Nordwestdeutsche Rundfunk (NWDR) strahlt das inzwischen zur Legende gewordene Hörspiel von Wolfgang Borchert *Draußen vor der Tür* aus. Ein Werk, das später jede namhafte Bühne aufführen wird. An diesem Februarabend hören Millionen dieses Hörspiel und sind alle tief betroffen.

Wolfgang Borchert, damals 26 Jahre alt, ist mit einem schweren Lungenleiden aus dem Krieg heimgekehrt. Sein Werk ist durchzogen von Angst und Warnungen davor, dass so etwas wieder geschehen könnte: die Hölle eines solchen Krieges. Er durchleidet diesen Krieg noch einmal. Er wendet sich in beschwörender Klage gegen Gott. In der Gestalt des Soldaten Beckmann stellt Borchert die Frage nach dem »lieben Gott«: »Wir haben dich gesucht, Gott, in jeder Ruine, in jedem Granattrichter, in jeder Nacht. Wir haben nach dir gerufen, Gott; wir haben nach dir gebrüllt, geweint, geflucht. Wo warst du da, lieber Gott?«

Er war nicht da, meint Borchert. Da waren nur Angst, Grauen und Entsetzen.

Der »liebe Gott« – eine Täuschung, eine Fata Morgana, eine Illusion. Borchert: »Wir kennen dich nicht mehr so recht. Du bist ein Märchenbuch, lieber Gott. Heute brauchen wir einen anderen. Weißt du, einen für unsere Angst, einen für unsere Not, einen ganz, ganz neuen Gott.« Der süßliche Glaube an einen altväterlichen »lieben Gott« ist maßloser Enttäuschung gewichen. Dieser Glaube hat Federn lassen müssen im Feuer der Kriege und Katastrophen.

Borchert lässt den Soldaten Beckmann schreien: »Wo warst du eigentlich, als die Bomben brüllten? Warst du lieb, als von meinem Spähtrupp elf Mann fehlten? Elf Mann zu wenig, lieber Gott. Und du warst nicht da, lieber Gott! Die elf Mann haben gewiss laut geschrien in dem einsamen Wald, aber du warst nicht da. Einfach nicht da, lieber Gott. Warst du in Stalingrad lieb, lieber Gott? Warst du da lieb? Wie? Wann warst du eigentlich lieb, Gott, wann? Wann hast du dich jemals um uns gekümmert?«

Dieser Schrei ging durch die Nacht. Und Wolfgang Borchert schrie damals nicht nur für sich. Er schrie und klagte für Millionen Menschen, die Gott mit Stalingrad, Auschwitz und Dachau nicht in Einklang bringen können. Er schrie stellvertretend für Millionen Menschen, die heute klagen: »Syrien und Somalia, Kriege und Katastrophen, Not und Elend – Gott, wo bist du denn? In den Löchern von Stalingrad, in den Straßen von Kairo, in den Bergen von Afghanistan, in den Hütten von Haiti, in den Arbeitslagern Nordkoreas, in den verstrahlten Gebieten von Tschernobyl und Fukushima ... wo ist denn da Gott?« Schon der alttestamentliche Prophet Habakuk kam ins Grübeln über Gott: »Warum muss ich so viel Unrecht mit ansehen und warum schaust du untätig zu, wie die Menschen einander das Leben zur Hölle machen?« (Habakuk 1, 3).

Wo war Gott am Dienstag?

Es schreit in dieser Welt: Warum dieses Töten und Morden? Warum der Terror? Was ist los mit dieser Welt? Woher kommt das alles? Wo ist Gott? Die Frage ist groß und furchtbar. Der Kabarettist Dieter Hildebrandt sagt in einem Interview: »Ein Gott, der Auschwitz und Buchenwald zulässt, ist für mich unvorstellbar. Oder er ist der Teufel.« Fußballmanager Udo Lattek trat aus der Kirche aus, nachdem sein 15-jähriger Sohn an einer schweren Krankheit gestorben war. »Mit so einem Gott, der den unschuldigen Menschen so leiden lässt, möchte ich nichts mehr zu tun haben«, meint er.

In Bayern begann ein großer Polizeieinsatz, nachdem man Abschiedszeilen eines Unbekannten im Besucherbuch der Wallfahrtskirche *Maria Trost* gefunden hatte. Eine riesige Suchaktion setze sich in Bewegung. Ins Besucherbuch hatte der Mann eingetragen: »Warum ist diese Welt so unvollkommen und schrecklich? Warum lässt Gott das Leid zu? Gott, gib mir Kraft, dass ich mich töten kann.«

Viele von uns quält doch diese Frage: Wo ist Gott in all dem Elend dieser Welt? Warum ist alles so unvollkommen und schrecklich, was Gott doch angeblich gut und sinnvoll geschaffen hat? Warum sind die einen bettelarm und die anderen steinreich? Warum verhungern Millionen in der Dritten Welt, während die Menschen in den Industriestaaten Diäten erfinden, um sich nicht zu überfressen am Überfluss? Warum? Während sich die einen lauthals amüsieren, beenden andere still und verzweifelt ihr Leben. Warum? Warum ist ein Teil der Welt frei, während die Menschen woanders unter der Knute brutaler Diktatoren leben müssen? Warum lässt man die Verzweifelten weitgehend allein, die sich seit Mitte 2011 in Libyen, Ägypten oder Syrien unter Lebensgefahr tapfer gegen alte Tyrannen und neue Machthaber erheben?

Wo ist der weltweite Aufschrei, aber auch das Eingreifen Gottes, wenn seine Kinder, die Christen, brutal verfolgt und abgeschlachtet werden? 21 Tote und mehr als 40 Verletzte in der Neujahrsnacht 2011 bei einem islamistischen Selbstmordattentat vor der koptischen Kirche in Alexandria. Ein Jahr zuvor, am Weihnachtsfest, wurden acht koptische Christen Opfer von extremistischen Muslimen im oberägyptischen Nag Hammadi. Wieso lässt Gott das zu? Und warum sind es immer dieselben Teile der Erde, die von Naturkatastrophen heimgesucht werden? Warum?

Warum sind die einen sterbenskrank und die anderen kerngesund? Warum müssen die einen die Last kranker Kinder tragen und die anderen wissen nichts von Kummerkindern? Warum die sinnlosen Unfälle und Katastrophen? Warum dort ein viel zu früher Tod und da ein qualvolles Siechtum in hilflosem Alter? Warum schaffen wir es mithilfe modernster Medizintechnik, immer älter zu werden, aber ein Heilmittel gegen Alzheimer finden wir nicht? Warum fallen Flugzeuge vom Himmel und rollen Lawinen ins Tal? Für viele scheint der Globus ein riesiges Knäuel an Sinnlosigkeit.

Ich werde nie vergessen, wie im Mai 1971 die Rundfunkprogramme unterbrochen wurden, als uns die schreckliche Nachricht von dem grauenhaften Zugunglück im westfälischen Radevormwald erreichte. Die Klassen 9b und 9c der Geschwister-Scholl-Hauptschule haben mit ihren Lehrern einen Tagesausflug nach Bremen gemacht. Auf der abendlichen Rückfahrt sind sie in Wuppertal in einen Sonder-Schienenbus gestiegen. Die Eltern warten bereits am Heimatbahnhof auf die Ankunft der Kinder. Aber kurz vor dem Ziel, in einer scharfen Kurve der eingleisigen Bahnstrecke, stößt der Personenzug mit einem entgegenkommenden Güterzug zusammen. Die 63 Tonnen schwere Diesellokomotive drückt den Triebwagen auf ein Drittel seiner Länge zusammen. So groß ist die Wucht des Aufpralls!

46 Menschen kommen ums Leben, darunter 41 Schüler. 25 Kinder werden schwer verletzt. Die Hälfte des Schülerjahrgangs 1956/57 in diesem bergischen Städtchen ausgelöscht. Der Onkel eines Jungen bekommt bei der Trauerfeier am offenen Grab seines Neffen einen tödlichen Herzanfall. Auf einem der über 40 Grabsteine steht nur ein einziges Wort. Vielleicht sind das die quälendsten fünf Buchstaben, die es überhaupt gibt. Nur fünf Buchstaben, und sie sind hineingraviert in unser Leben: Warum?

Es ist der 7. 7. 1987, Dienstagabend, 21 Uhr. Die kleine hessische Stadt Herborn will schlafen gehen. Da zerreißt eine gewaltige Detonation die Idylle. Plätze und Straßen werden zum Flammenmeer. Menschen rennen schreiend um ihr Leben. Ein Tankwagen ist auf der Bundesstraße

225 mit ihren acht Prozent Gefälle mitten in die City hineingerast. Bremsen und Getriebe versagen. Der Wagen schleudert, kippt zur Seite und rutscht mit seiner hochexplosiven Fracht ins Eiscafé *Rialto.* Von den 40 Gästen können sich die meisten noch in Sicherheit bringen. Fünf Menschen kommen in dem lodernden Inferno um. Bei der Beerdigung der 20-jährigen Pia fragt der Pfarrer stellvertretend für viele: »Wo war Gott am Dienstagabend? Warum hat er das zugelassen?«

Mein Gott, warum?

Da verliert ein Pfarrer seine junge Frau. In sein inzwischen veröffentlichtes Tagebuch schreibt er: »Meine geliebte Frau liegt aufgebahrt vor mir. Nur 28 Jahre währte ihr Leben. Nein, jetzt fließen keine Tränen. Ich lächle sie etwas verhalten an, als wollte ich ihr sagen: Du warst eine liebe Frau, ich hätte mir keine bessere wünschen können. An meiner Seite steht unsere fünfjährige Manuela. Sie hat ihre Mama nie gesund erlebt. Matthias, unser achtjähriger Bub, hat in diesem schweren Augenblick des Abschiednehmens nach der Hand der Oma gegriffen.

Dann stehen wir am offenen Grab. Der Pfarrer spricht die Worte: »Nachdem es dem allmächtigen Gott gefallen hat, unsere Schwester aus diesem Leben abzuberufen, legen wir ihren Leib in Gottes Acker, dass er wieder zu Erde werde, davon er genommen ist. Oft habe ich diese Worte gesprochen. Heute gelten sie meiner lieben Frau. Und ich stehe mit 32 Jahren als Witwer am offenen Grab. Nun bin ich also wieder allein. Wie soll es weitergehen? Warum hat Gott uns das zugemutet? Warum hat er uns so früh auseinandergerissen? Warum?«

»Na, Pastor, jetzt bist du dran. Anderen hast du Trost gespendet. Wo ist nun dein Trost? Nun entdeckst du, wie schwer es ist, ein Kind zu verlieren! Kannst du dein Kind loslassen und gleichzeitig an Jesus festhalten?« Mit diesen Zweifeln zwischen Häme und Verzweiflung sah sich der Osnabrücker Pfarrer Burghard Affeld konfrontiert, als ihm der Oberarzt einer Intensivstation mitteilte, sein Sohn Bernhard sei schwer verunglückt und hirntod. Was bleibt von all den Predigten, die der bekannte Pastor gehalten hat? Bloße blasse Theorie? Jetzt muss sich bewähren, was geglaubt und geredet wurde.

Am Tag nach dem Unfall muss Affeld eine Passionsandacht halten. Die Nagelprobe, ob das noch gilt, was er vor der Tragödie aufgeschrieben hat. »In meiner Ansprache kam ich schließlich an das Wort Jesu am Kreuz: ›Mein Gott, mein Gott, warum hast du mich verlassen?‹ Während ich sprach, dachte ich: ›Herr, das sind meine Worte! Das ist der Schrei meiner Seele! Gib mir Antwort!‹ Und sie kam. Jesus sprach zu mir in einem Wort aus den Psalmen: ›Ich befehle meinen Geist in deine Hände, denn du bist mein Herr und Retter‹ (Psalm 31,6). Wie ein Lichtstrahl durchzuckte es die Finsternis meines Herzens.« Die Trauerfeier für Bernhard sei eine Kreuzung aus Karfreitag und Ostern gewesen, erzählt Affeld bei den »Gemeindetagen« in der überfüllten Christuskirche von Lüdenscheid.

»Auf die Frage nach dem Warum bekommen wir keine Antwort«, meinen Pastor Affeld und seine Frau Christa, wenn sie heute in Vorträgen leidenden Menschen Mut machen. »Wir wollen Erklärungen, Gott will Vertrauen. Wir brauchen Herz und Hirn nicht mehr zu zermartern im Zweifel an der Warum-Frage. Am Tod unseres Sohnes ist nichts mehr zu ändern, aber an unserem Leben schon. Es kommt jetzt auf die Haltung zu Jesus an, der sich an uns hält, damit wir durchhalten können.«

Das Ehepaar Affeld stand noch vor einer anderen Schicksalsfrage: Der Klinikbeauftragte für Transplantation trat an sie heran und fragte, ob dem Sohn Organe entnommen werden dürften. Kurz vor dem Unfall (Zufall ist das Pseudonym Gottes!) hatte der Pastor mit Bernhard über Organspenden gesprochen, weil er einen Schulaufsatz über dieses Thema schreiben musste. Nach langem Nachdenken sagen die Eltern dann ja, weil auch ihr Sohn so entschieden hätte. Sie werben seitdem offensiv für Organspenden. Sie machen aber kein Gesetz daraus. Die Ablehnung, so Affeld, sei kein Verstoß gegen das Gebot der Nächstenliebe. Sie haben zugestimmt und es ist ein Trost für die ganze Familie: Der Tod ihres Sohnes und Bruders hat fünf schwerkranken, todgeweihten Patienten das Leben gerettet! Gottes Wege bleiben ein Geheimnis.

In einem Artikel der Evangelischen Nachrichtenagentur *idea* berichtet ein Ehepaar, wie ihnen ihr neunjähriger Sohn genommen wurde. Verblüffende Überschrift, die zum Weiterlesen provoziert: »Wenn Gott sein Geschenk zurücknimmt«. Bei der Geburt von Matthias hatte sich die Nabelschnur um den Hals gewickelt. Lebensgefahr! Die Eltern erinnern sich an diese traumatische Erfahrung, als an einem Sommernachmittag im heimischen Garten etwas Tragisches passiert: Matthias ist beim Spielen erstickt. Eine Hängematte hatte sich um seinen Hals geschlungen, schnürte ihm die Luft ab.

Wiederbelebungsmaßnahmen und Rettungshubschrauber helfen nicht mehr. In der Dämmerung des Abends wird der Junge, der Sonnenschein der Familie, in einem Sarg aus dem Haus getragen. Was für eine Tragödie! Die Eltern stehen fassungslos vor der Gewissheit: Ihr Matthias – der Name bedeutet »Geschenk Gottes« – kommt nie wieder heim. »Gott hat sein Geschenk zurückgenommen«, sagen sie.

Die Lehrerin und der Diakon, beide engagierte Christen, erinnern sich an die Tage und Wochen nach dem Tod ihres Sohnes. »Ich bin manchmal in meine Werkstatt gegangen und habe geschrien«, berichtet der Vater. Beide konnten nächtelang nicht schlafen, jeder kleine Handgriff tat weh. Die große Frage nach dem Warum quälte. »Die Leere war furchtbar«, erinnert sich die Mutter.

Doch das Leben muss weitergehen. Der erste Geburtstag nach dem Tod von Matthias, der erste Sommerurlaub, das erste Weihnachten. Unsagbar bittere Stunden. Sie betreiben aber keinen Erinnerungskult, das Kinderzimmer bewohnt jetzt die Schwester, zu Geburts- und Todestag zünden sie seine Taufkerze an. Doch immer wieder diese Stiche ins Herz! Als der Vater einmal einen Jungen trifft, der seinem Matthias frappierend ähnlich sieht, bricht er in Tränen aus, kann sich nicht beruhigen, kann nicht mehr sprechen.

Was haben die Eltern und Geschwister aus dieser Tragödie gelernt, als ihnen Matthias, das Geschenk Gottes, genommen wurde? Dass Sterben zum Leben gehört, dieser Satz ist für sie nun keine Plattitüde mehr, sondern durchlittene Realität. Sie beschäftigen sich jetzt intensiver mit dem eigenen Tod. Und die Osterhoffnung ist ihr Trost: Es gibt Auferstehung und Wiedersehen, es gibt eine Zukunft.

»Wenn ich auch gleich nichts fühle von deiner Macht, du führst mich doch zum Ziele auch durch die Nacht« (Julie Hausmann, 1862).

Viele könnten jetzt ihre persönliche Geschichte erzählen. Jeder ist betroffen. Als Angehöriger von Trauernden oder als Leidtragender selbst. Wenn einem der Ehepartner plötzlich von der Seite genommen wird. Wenn es an der Haustür klingelt oder das Telefon geht: »Kommen Sie schnell ins Krankenhaus, Ihre Tochter ist schwer verunglückt.« Am Arbeitsplatz fehlt plötzlich ein Kollege, der einem noch gestern so fröhlich von seiner jungen Familie erzählt hat. Oder wenn einem selbst schlagartig die Gesundheit genommen wird ...

Wir versuchen immer wieder, dem Leiden vorzubeugen, uns gegen das Leiden abzusichern. Aber in Wirklichkeit wissen wir genau, wie ohnmächtig und sinnlos solche Versuche sind. Die hochtrabenden Höhenflüge von Wissenschaft und Technik haben kein Gramm Leid aus dieser Welt weggeschafft. Hilflos stehen wir vor unheilbaren Krankheiten und unvorhergesehenen Katastrophen.

Als der erfolgreiche Sportler und Fußballmanager Rudi Assauer sich im Februar 2012 zu seiner Alzheimer-Krankheit bekannte, war ganz Deutschland zutiefst geschockt, betroffen und bestürzt. Wenn ein solch lebenslustiger und durchtrainierter Mann das in so »jungen« Jahren bekommt, was wird dann aus uns? 67, das ist doch heute kein Alter, wo wir Lebenserwartungen bis mindestens 90 haben. Müssen wir uns darauf einrichten, bald 20 Jahre ohne Gedächtnis und Orientierung zu leben, ständig auf fremde Hilfe angewiesen? Wir kultivieren Wellness und Fitness, verlängern das Leben durch die modernste Medizintechnik. Doch gegen Alzheimer sind wir völlig machtlos. Selbst bei Krebs gibt es eine Heilungschance von 50 Prozent, bei Alzheimer null. 1,3 Millionen Demente leben heute schon unter uns, in 20 Jahren werden es mehr als fünf Millionen sein.

Wie wollen sich die Angehörigen trösten, die ohnmächtig den Verfall ihrer Liebsten erleiden müssen? Was hilft den Kranken selbst, die nur noch im dunklen Vergessen leben, ohne Erinnerung und Orientierung? In meiner Sendung *peter hahne* (ZDF) berichtete im Februar 2012 der Volksmusikstar Marianne Hartl (Duo Marianne und Michael) erstmals im Fernsehen über das Leben mit ihrer dementen Mutter. »Zum Schluss hat sie sich nur noch an Gott geklammert. Richtig ruhig und froh wurde sie, wenn wir die alten Kirchenlieder sangen, wenn wir sie im Rollstuhl in die Kirche schoben. Das war ihr einziger Trost. Da strahlten ihre Augen.«

Einer der bedeutendsten Altersforscher, der Heidelberger Gerontologie-Professor Andreas Kruse, Mitglied wichtiger Expertenkommissionen der UNO und der Bundesregierung, ergänzte aus seiner wissenschaftlichen Erfahrung: »Je mehr eiserne Ration an guten geistlichen Erfahrungen wir in der Kindheit und Jugend aufgenommen haben, desto mehr lebensfördernde und beruhigende Erinnerung haben wir im dementen Alter.« Auswendig lernen lohnt also! Im Idealfall »im englischen Sinn«: to learn by heart – von Herzen lernen. Für Patienten mit der Diagnose Alzheimer und ihre Angehörigen sei es wichtig, nicht in Resignation und Depression zu verfallen, sondern »gegen allen Sinn zu hoffen«. Der Kern der Persönlichkeit bleibe erhalten, deshalb sollte man mit den Kranken bis zuletzt umgehen, als seien sie gesund.

Ja, es ist wahrhaftig nicht altmodisch, verschroben oder fromm versponnen, wenn unsere Väter in den alten Kirchenliedern vom »Jammertal Erde« sprechen. Es stimmt doch: Für viele sind Leben und Welt ein einziges Jammertal. Die Klage rund um den Globus will doch nicht verstummen. Das Anklagen hört nicht auf: »Ist das die schöne Welt, die Gott geschaffen hat? Ist das der liebe Gott, der das alles zulässt?« Das Seufzen und Stöhnen nimmt kein Ende. Das Schreien der Gequälten erfüllt die Erde. Für viele ist diese Welt ein einziges Trauerhaus, das Leben ein Jammertal, jeder Tag eine neue Qual.

Hat Schiller sich geirrt?

Die Frage heißt doch: »Wie werde ich mit dem Leid fertig oder macht das Leid mich fertig?« Dies ist die eigentliche Alternative. Da es das Leid nun einmal gibt, bleiben nur diese beiden Möglichkeiten: Entweder das Leid macht mich kaputt oder ich finde eine Antwort. Und diese Antwort muss mehr sein als bloße Theorie. Dann geht es plötzlich nicht mehr um das »Warum?«, sondern um das »Mit wem?«: Wer steht mir in meinem Leid bei? Beziehung wird zum Schlüssel, nicht Information.

Der Theologe Erich Schick beschreibt das »Doppelgesicht des Leidens« als »ungeheure Versuchung«. Es hat »die Macht der Erleuchtung und die Macht der Verfinsterung, die Möglichkeit der Stärkung wie der Schwächung; das schöpferische Vermögen, unbekannte Kräfte zu entbinden, wie die zerstörende Gewalt, lebendige Kräfte in nächtigen Bann zu schlagen.«

»Das soll ein Gott der Liebe sein?«, meinen viele spöttisch, höhnend, Gott verlachend. »Ihr redet von Gott – und der lässt das alles zu?«, triumphieren sie. »Warum schweigt Gott denn zu alldem? Würde er uns doch wenigstens eine Erklärung geben ...« Wir kennen doch diese bohrenden Fragen. Fragen, die auch in unserem eigenen Denken Raum gewinnen.

Friedrich Schiller dichtet in seinem *Lied an die Freude,* das Beethoven später vertont hat: »Brüder, überm Sternenzelt muss ein lieber Vater wohnen.«

Philosophisch wird oft argumentiert: Wenn Gott gut ist, dann ist er nicht allmächtig. Er tut ja offensichtlich nichts gegen das Leid. Wenn er aber allmächtig ist, dann kann er nicht gut sein. Da es Leid und Elend in der Welt gibt, ist Gott entweder nicht gut oder nicht allmächtig. Oder er ist tot.

Ist Gott tot?

Die extremste Antwort auf die Frage nach dem Leid ist ja der Atheismus: Einen Gott, der Leid zulässt, kann es nicht geben. Da es aber Leid gibt, ist Gott tot. Es gibt keinen Gott. Der Himmel ist leer. Ich muss sagen: Welch ein entsetzlicher Gedanke! Dann wären die Menschen ja allein unter sich. Kaum auszudenken!

Ein Kollege sagte mir einmal ziemlich schnippisch: »Weißt du, ich bin Atheist.« Spontan habe ich ihm geantwortet: »Da hätte ich dich aber für intelligenter gehalten.« Denn Atheismus, oft aufklärerisch stolz proklamiert, ist letztlich kein automatischer Ausweis für kritische Intelligenz. Man kann doch in einer Welt, in die die transzendente Macht immer stärker eingreift, kein Atheist sein! Es gibt vieles zwischen Himmel und Erde, das einem zu denken geben muss.

Die stolze Feststellung »Ich bin Atheist« hat ja ganz fatale Folgen: »Du ahnst ja nicht, was du da sagst. Denn wenn Gott wirklich tot wäre, würde dies ja bedeuten: Über uns nichts, neben uns nichts, unter uns kein Fundament ... Wir Menschen allein gelassen. Völlig allein untereinander. Das ist der schrecklichste Gedanke, den es überhaupt gibt.« Der Nobelpreisträger und Naturwissenschaftler Werner Heisenberg beschreibt die Tragödie unserer Zeit: »Erstmals in der Geschichte der Menschheit steht der Mensch nur noch sich selbst gegenüber. Er kann nicht mehr zum Himmel blicken.« Eine schreckliche

Vorstellung: der Mensch ohne Gott. Der Lateiner sagt: »Homo homini lupus est« – der Mensch ist dem Menschen ein Wolf. Spricht da nicht auch unsere heutige Realität Bände?! Gott erklärt man für tot – die Menschen bleiben unter sich – schrecklich!

»Warum lässt der Gott das zu, von dem du redest?« Dieser Verzweiflungsschrei eines Vaters ist mir heute noch im Ohr. Sein Sohn war mit dem Motorrad tödlich verunglückt. Jahre vorher war ihm der Bauernhof über dem Kopf abgebrannt. »Jetzt bin ich endgültig zu dem Entschluss gekommen, dass es keinen Gott geben kann. Ich bin Atheist. Ich kann an keinen Gott mehr glauben, sei er gut oder böse. Sollen denn das Zeichen seiner Freundlichkeit sein, dass er Todeskämpfe und Sonnenuntergänge, blühende Orchideen und dahinsiechendes Leben gleichzeitig zulässt?«

Genau das sind doch die Vorwürfe und Fragen vieler denkender Menschen: Wenn Gott wirklich Gott ist, muss er doch allmächtig sein! Wo zeigt sich denn seine Allmacht? In den Kriegen und Ungerechtigkeiten dieser Welt? Wo ist der allmächtige Gott in den Hungersnöten und dem Elend dieser Welt? Warum macht er kein Ende mit dem Betrug und der Krankheit? Warum setzt Gott– wenn er doch allmächtig ist – diesem Chaos kein Ende?

»Falls er uns liebt, wie es die Bibel verspricht, warum lässt Gott dann das ganze Elend nicht verschwinden und erschafft eine bessere Welt?«, meinte der verzweifelte Vater. Es stimmt: Gerade weil Gutes und Böses miteinander existieren, leugnen so viele die Realität Gottes. Auf den Punkt bringt es bereits eine uralte Aussage, die dem griechischen Philosophen Epikur (341–271 v. Chr.) zugeschrieben wird: »Entweder will Gott die Übel beseitigen und kann es nicht, dann ist Gott schwach, was auf ihn aber nicht zutrifft. Oder er kann es und will es nicht, dann ist Gott missgünstig, was ihm fremd ist. Oder er will es nicht und kann es nicht, dann ist er schwach und missgünstig zugleich, also nicht Gott. Oder er will es und kann es: Woher kommen dann all die Übel und warum nimmt er sie nicht weg?« Ist Gott also wirklich tot?

Atheismus als Trugschluss

Überraschend schreibt nun gerade ein Naturwissenschaftler, dass nach dem Maßstab der Bibel (z. B. Römer 1,19.20) »ein Blick auf das Universum für jeden Menschen von durchschnittlicher Intelligenz genügen sollte, um von der Existenz Gottes überzeugt zu werden« (Professor Wilder-Smith). Denn selbst die »zerstörte Schöpfung« offenbart noch genug von der Existenz des Schöpfers. Die ganze Schöpfung ist doch ein Fingerzeig Gottes und kann jeden, der mit offenen Augen durch die Natur geht, nur zum Staunen bringen. Es sei denn, wir hätten sie zerstört. Und genau das ist der Haken.

Ein Bild soll helfen: Nehmen wir den Kölner Dom. Ein großartiges gotisches Bauwerk, ein weltweit bekanntes Wahrzeichen. Wer davorsteht, erkennt etwas von der mathematischen Leistung einer genialen Statik und der hohen künstlerischen Begabung von Architekt und Baumeister. Die Struktur des Domes zeigt zweifellos etwas von dem hohen schöpferischen Geist, der dahintersteht.

Nun stellen Sie sich einmal vor, jemand betrachtet den Kölner Dom im Jahre 1940 und staunt über das Wunderwerk sakraler Baukunst. Nach fünf Jahren kehrt er zurück. Die schweren Luftangriffe des Zweiten Weltkrieges haben aus dem prächtigen Bauwerk eine riesige Trümmerlandschaft gemacht. Allein die Türme stehen noch. Das Kirchenschiff ist eine einzige Ruine; Dach, Glasfenster, Orgel und Mauerwerk sind zerstört.

Jetzt müssen wir fragen: Käme jemand auf die Idee, angesichts dieser Trümmerlandschaft an der Existenz des Baumeisters zu zweifeln? Ein absurder Gedanke! Mitten in den Ruinen deuten die Überreste auf die frühere Schönheit des Gebäudes und die Genialität des Architekten hin. Niemand würde auch die Erbauer beschuldigen, bewusst eine Ruine konstruiert zu haben. Im Gegenteil: Im Blick auf das Bild der Verwüstung, einer Mischung aus Chaos und übrig gebliebener Ordnung, sind sowohl die Existenz eines Architekten als auch die charakteristischen Merkmale des dahinterstehenden Schöpfergeistes zu erkennen.

Bei allen Widersprüchen der Natur steht hinter dem Gebäude der Schöpfung der Schöpfer. Und selbst im Trümmerfeld dieser Welt ist die wirkliche Absicht des »Erbauers« noch deutlich zu erkennen. Es ist, wenn man nur zu vorurteilsfreiem Denken bereit ist, leicht, zwischen geplanter Absicht und der dazwischengetretenen Unordnung zu unterscheiden. Die Lehre des Römerbriefes (Kapitel 1) ist augenfällig: Selbst die gefallene Schöpfung offenbart noch genug Hinweise auf die Existenz Gottes. Atheismus als Folge der chaotischen Unordnung in der Schöpfung ist demnach ein intellektueller Trugschluss.

Und man darf sich ja auch einmal fragen: Erklärt Gottlosigkeit die Welt eigentlich besser? Hat der Atheismus Antworten parat? Kann der Unglaube in unschuldigem, unbegreiflichem und sinnlosem Leid trösten? Als ob an solchem Leid nicht auch alle ungläubige Ratio an ihre Grenze käme! Nein, der Atheist ist alles andere als besser dran. Symptomatisch das Verhalten eines der schärfsten Gottesleugner, des atheistischen Publizisten Christopher Hitchens. Der Amerikaner hoffte, dass ausgerechnet ein evangelikaler Christ ihn von seiner schweren Krebskrankheit heilen kann. Und zwar genau jener Professor, mit dem er sich wegen seines zynischen Buches *Der Herr ist kein Hirte – Wie Religion die Welt vergiftet* heftige Debatten über den Glauben geliefert hat.

Der Genomforscher Francis Collins, Direktor des Nationalen Gesundheitsinstituts der USA, einst selbst Atheist, wollte aber nicht nur die von Krebs befallene DNA von Hitchens behandeln, er hat auch öffentlich dazu aufgerufen, für ihn zu beten. Der Publizist starb am 15. Dezember 2011, nicht ohne vorher bemerkt zu haben, er werde sich Gott nicht zuwenden, solange er noch bei Sinnen sei. Und doch war seine allerletzte Hoffnung ein genialer evangelikaler Forscher in der bewussten Nachfolge von Jesus Christus.

Damit wird unsere Frage aber umso brennender: Wenn Gott also da ist, wenn er tatsächlich existiert, wieso lässt er dann das alles zu? Warum dann Leid und Tränen auf der Welt? Warum greift er nicht ein?

Der angeklagte Gott

Zunächst muss man nüchtern feststellen: Diese Frage ist, logisch bewertet, grundsätzlich falsch. Stellen wir uns einen Gerichtssaal vor. Auf dem Richterstuhl sitzt Frau Müller, Herr Schulze oder Peter Hahne. Auf der Anklagebank sitzt Gott. Und dann sagen wir: »Angeklagter Gott, wie kannst du das zulassen? Warum schweigst du? Willst du etwa ein Gott der Liebe sein?« Einen Gott, der auf der Anklagebank sitzt, während wir Menschen auf dem Richterstuhl Platz nehmen, gibt es nicht. Das wäre ein Weihnachtsmann, aber kein Gott. Wenn Gott wirklich Gott ist – und wer nach der Gerechtigkeit Gottes fragt und seine Liebe einklagt, der will ja wohl einen Gott haben, der Macht hat, das Leid zu beenden –, dann muss er allmächtig sein. Ist er aber allmächtig, so ist er souverän, nicht hinterfragbar und erst recht nicht anklagbar.

Gott könnte uns also höchstens erklären, warum dieses oder jenes so ist. Aber anklagen lässt sich Gott nicht. Sonst wäre er kein Gott. Somit ist eine Anklage gegen Gott vom logischen Denken her völlig unmöglich. Sie wäre ein Widerspruch in sich. Wer Gott zur Rechenschaft ziehen will, der ist an der falschen Adresse. »Ja, lieber Mensch, wer bist du denn, dass du mit Gott rechten willst?« (Römer 9,20). Die einen wollen ihm alle Schuld in die Schuhe schieben, andere halten ihn für die Feuerwehr, die sofort einsatzbereit zur Stelle sein muss, wenn es brennt. Doch wann soll dieser Einsatz denn beginnen?

Bereits dann, wenn Menschen etwas Finsteres denken und planen? Oder erst, wenn sie zur Tat schreiten? Viele halten Gott für einen gütigen Großvater im Himmel, der am Ende des Tages sagt: Hauptsache, es hat allen gefallen. Umso schlimmer trifft es sie, wenn dieser selbst gemachte Gott ihren Erwartungen nicht entspricht. An solche Phantom- und Fantasiegötter lohnt es nicht zu glauben.

Angesichts von Leid und Tränen geht ein gellender Chor um den Globus: »Wie kann Gott so etwas zulassen?« Aber ist es denn überhaupt Gott, der auf die Anklagebank gehört? Hebt er denn das Gewehr und drückt ab? Steuert er den Welthandel, in dem die einen den Überfluss vernichten und die anderen an Unterernährung sterben? Ist Gott es, der zum eigenen Vorteil an der Karriereleiter des anderen sägt? Säuft er sich zu Tode und ruiniert damit die Familie, die Kinder? Gott?

Der autonome Mensch

Wir Menschen sind es doch, die stolz darauf sind, diese Welt mündig und eigenverantwortlich zu gestalten. Wir sind es doch, die Politik und Wirtschaft, Technik und Wissenschaft machen. Wir sind es doch, die nach unseren eigenen Werten, Maßstäben und Gesetzen leben wollen – autonom und unabhängig! Gott ist reinste Privatsache, hieß es bei der Debatte um die Europäische Verfassung. Deshalb klammerte man ihn aus und die Linken würden ihn am liebsten auch aus der Präambel des Grundgesetzes streichen. Warum sind wir eigentlich so verlogen und doppelzüngig? Den Erfolg buchen wir auf unser Konto, während wir Unrecht, Leid und Tränen Gott anlasten. Solange alles bestens läuft, verzichten wir auf die Ursachenforschung. Aber wehe, es geht schief.

Das ist doch genau der Widerspruch, in dem wir alle leben, wenn wir ehrlich sind. Wenn es uns gut geht, wenn wir es zu etwas gebracht haben, die Sonne uns scheint und das Glück uns lacht, dann sind *wir* es natürlich gewesen. Geht es uns aber schlecht, dann machen wir *Gott* dafür verantwortlich. Die Fortschritte listen wir als große Erfolge der Menschen auf und verleihen stolz Friedensnobelpreise und heften uns Orden an die Brust. Wenn aber das Unrecht die Welt zerreißt, wenn in Kriegen Ströme von Blut und Tränen fließen, dann will es keiner gewesen sein. Dann heißt es: »Wie kann Gott das nur zulassen …«

Wenn es nicht so schrecklich einfach wäre ... Gott hat uns gesagt, dass wir unser Leben und diese Welt zerstören, wenn wir seine Gebote missachten. Darüber hat der Mensch nur gelacht. Gottes Gebote bekamen den Stempel »weltfremd« –oder die fromme Variante: »Sollte Gott denn gesagt haben?!« So sind es unsere eigenen Maßstäbe, an denen wir uns orientieren. Gott wird schlichtweg ausgeklammert. Ganz wollen wir auf ihn natürlich nicht verzichten. Als Verzierung familiärer Feste soll er uns herhalten, zur religiösen Beweihräucherung soll er uns dienen, zur Sentimentalität – und zum Sündenbock.

Wir setzen Gott auf die Anklagebank, wenn es schiefgeht. Denn wenn Leid und Unheil angerichtet sind, dann will es von uns Menschen niemand gewesen sein. Ein Soziologe spricht von der »Gesellschaft der Schuldlosen«. Einer schiebt es auf den anderen. Zuletzt steht Gott am Pranger. Wenn wir die Frage nach Leid und Tränen stellen, dann müssen wir uns allerdings auch diesen Aspekt gefallen lassen: In vielen Fällen muss nämlich der Spieß umgedreht werden. Statt der Anklage »Wie kann Gott das zulassen?« müsste es richtiger heißen: »Wie kann der Mensch das zulassen?«

Dann kehrt sich selbst die Frage nach »Gott in Fukushima« um, wenn wir nüchtern Ursache und Wirkung analysieren. Es ist doch nicht das Problem, ob man noch an *Gott* glauben kann. Ob man noch an den *Menschen* glauben kann, das ist die Herausforderung. Warum haben intelligente Menschen riesige Kernkraftwerke auf eine Erdbebenspalte gebaut? Jeder Geologe lernt im ersten

Semester, dass so etwas nicht geht. Klügste, hoch technisierte Gesellschaften kriegen das nicht hin, spielen leichtfertig und mutwillig mit dem Risiko. Und wenn's schiefgeht, haben wir ja noch Gott, den wir zum Sündenbock machen können. Nein, so einfach geht das nicht!

War es wirklich »höhere Gewalt«, die eine so wunderschöne Stadt wie New Orleans dem Erdboden gleichmachte, als der verheerende Hurrikan Katrina im August 2005 über dem Süden der USA wütete? Die geografische Lage – die Stadt liegt fast zwei Meter unter dem Meeresspiegel – ließ 80 Prozent der Fläche mit den teils historischen Bauten unter sieben Meter hohen Fluten versinken, als die Deiche brachen. Unvergessen jene Frau, die verzweifelt inmitten der Verwüstung einem TV-Reporter sagte: »Gott wohnt hier nicht mehr.« Diese erschütternde Szene ging um die Welt.

Stimmt das? Ist Gott weggezogen, weitergezogen? Entzieht er sich der Verantwortung? Bei der Suche nach Antworten komme ich zu einem anderen Schluss. Der Mensch ist von allen guten Geistern verlassen. Er ist es, der die Verantwortung verweigert. Es war keine »höhere Gewalt«, sondern Fahrlässigkeit und Nachlässigkeit der Menschen. Seit Jahren warnten Katastrophenforscher vor den Auswirkungen eines starken Hurrikans an der Golfküste der US-Südstaaten. Ein Jahr vor Katrina spielte die FEMA, die US-Katastrophenschutzbehörde, eine simulierte Sturmflut in New Orleans durch. Die Schlussfolgerung jener »Übung Hurrikan Pam« wirkt im Nachhinein wie eine Prophezeiung: New Orleans unter Wasser, eine

Million Einwohner evakuiert, 600 000 zerstörte Gebäude, Hilfsorganisationen überfordert, die Deiche zu schwach.

Damals, 2004, sagte Michael L. Brown, stellvertretender Direktor für Katastrophenschutz im US-Bundesstaat Louisiana: »In den nächsten 60 Tagen werden wir die Planung, auf die wir uns während der Hurrikan-Pam-Übung geeinigt haben, abschließen. Wir haben erkannt, worauf wir uns in Zukunft konzentrieren müssen.« Zu dieser Absicht kamen zwei Monate später neue Einsichten hinzu, als der Hurrikan Ivan mit Windstärke 4 an der Golfküste wütete und New Orleans nur knapp verfehlte. Ein Fanal, ein letztes Alarmzeichen! Vielleicht sogar von Gott? Doch was taten die Experten, die Techniker und Politiker? Nichts! Die Deiche von New Orleans blieben marode, nichts wurde erneuert oder errichtet, keine Vorsorge getroffen. Die Weltmacht USA, der Trendsetter für Hightech, hat jämmerlich versagt.

Mit dem Hurrikan Katrina trat das Vorhersehbare schließlich ein. New Orleans wurde von der schrecklichsten Katastrophe heimgesucht, weil nichts von dem, was man erforscht und ermittelt hatte, in die Tat umgesetzt worden war. Monatelange Schuldzuweisungen erhitzten die Gemüter und erreichten sogar das Weiße Haus in Washington. Doch eins dürfte jedem einleuchten: Gott gehört nun als Allerletzter auf die Anklagebank, wenn die USA sich ungenügend auf eine vorhersehbare Naturkatastrophe vorbereitet haben.

Die Erde zu bewahren und zu bebauen, die Schöpfung zu schützen und zu schonen, dieser Befehl steht schon auf den ersten Blättern der Bibel. Doch der autarke und autonome Mensch, unabhängig und sich selbst genug, hat Gott, seine Gebote und Geistesgaben in den Wind geschlagen und wundert sich nun über die Früchte dieser Emanzipation. Wer nach eigenen Maßstäben entscheidet, muss nach diesen Maßstäben beurteilt werden und darf Gott nicht verurteilen und zur Rechenschaft ziehen, wenn es schiefgeht. Das hat mit intellektueller Redlichkeit nichts zu tun.

Menschengemachte Katastrophen sind auch jene Überschwemmungen und Lawinenabgänge, die ihre Ursache in falschen landwirtschaftlichen Praktiken, in der Umweltzerstörung durch Raubbau oder in der Verwandlung ganzer Landstriche in Skipisten haben. Und selbst bei dem verheerenden Tsunami, der zu Weihnachten 2004 am Indischen Ozean 230 000 Menschenleben forderte, fragen sich Experten: Hätte nicht das Schlimmste verhindert werden können, wenn man ein besseres Frühwarnsystem gehabt hätte? Warum ist die Welt zweigeteilt, dass es am (reichen) Pazifik entsprechende Warnsysteme gibt, sie jedoch am Indischen Ozean als unnötig betrachtet werden? Da braucht man nun wirklich nicht Gott zu bemühen, der dem Menschen das Rüstzeug von Begabung und Verstand mitgegeben hat. Auch die Erkenntnis, Touristenzentren nicht direkt an gefährdete Ozeanstrände zu bauen.

»Nicht die Allmacht Gottes, sondern die Allmachtsvorstellungen des modernen Menschen werden durch solche Katastrophen in ihre Schranken gewiesen«

(Wolfgang Huber). Die persönliche, allzu menschliche Verantwortung für manches Elend um uns herum ist eine Anfrage an uns, nicht an Gott. Sollten wir nicht erst mal fragen: »Wozu bin ich eigentlich fähig? Was tue ich alles in Gedanken, Worten und Werken? Was muss sich bei mir ändern? Wer bin ich eigentlich, der ich an einer so grauenhaften Welt mitgestalte? Was kann ich tun, damit sich Menschen und Verhältnisse ändern?« Eine alte chinesische Weisheit sagt: »Es ist besser, ein Licht anzuzünden, als die Dunkelheit zu beschimpfen.«

Gott als Alibi

Es ist bei einer gemütlichen Runde. Man spricht über Gott und die Welt – bequem in Sesseln und Sofas. Einer kommt auf die Probleme der Dritten Welt zu sprechen. Jeder hat empört und erschüttert etwas beizusteuern: Kindersterben in der Sahelzone, Völkermord in Ruanda, Hungersnot in Somalia, das Elend von Eritrea … Und da entfährt es spitz einer Dame, Teetasse in der Hand und Beine übereinandergeschlagen: »Wie kann Gott das nur zulassen?«

Dabei ist mir aufgefallen: Viele verwenden die anklagende Frage nach der Gerechtigkeit Gottes, obwohl sie selber von Not und Elend gar nicht betroffen sind. Im Gegenteil: Sie betrachten die Probleme der Welt theoretisch und innerlich unberührt aus der distanzierten Vogelperspektive. Katastrophendiskussion beim Tee. Ich habe den Eindruck, dass manche ganz froh sind, dass es diese Frage »Wie kann Gott das zulassen?« gibt. Da wird das Elend der Menschen als willkommenes Argument gegen Gott gebraucht. Gott quasi als Alibi des Unglaubens.

Es ist doch erschütternd: Wir krümmen keinen Finger, um Not mindern und lindern zu helfen, gebrauchen aber diese Not, um sie als Argument gegen Gott ins Feld zu führen. Natürlich ist es ein Unterschied, ob Betroffene eine solche Frage stellen. Da hat es keinen Sinn, sich ihr billig und vorschnell zu entziehen. Wenn jedoch die Liebe

Gottes eingeklagt wird, um sich damit unter einem Vorwand Gott vom Halse zu halten, dann wirft das ein bedenkliches Licht auf die intellektuelle Redlichkeit.

Das Leid der Welt kann doch nicht dazu missbraucht werden, mich selber aus der Verantwortung zu stehlen, indem ich Gott an den Pranger stelle! Man räkelt sich im Lehnstuhl der Selbstgerechtigkeit, ohne selber seine Hand zur Linderung der weltweiten Not zu rühren. Bleibt höchstens der Griff zum Überweisungsformular zur Linderung eigener Gewissensbisse. Nein, halten wir uns Gott bitte nicht mit einer billigen Ausrede vom Leibe, die nur die eigene Untätigkeit kaschieren soll. Das nützt niemandem. Vor allem den leidenden Mitmenschen nicht. Da wird die Auflehnung gegen Gott bloße Tarnung der Ablehnung eigener Hilfeleistung.

Christen sehen das radikal anders. Sie erkennen realistisch, dass sie das Leid dieser Welt nicht abschaffen können. Sie können nur versuchen, es zu verhindern und zu vermindern. Etwas anderes hat Jesus Christus weder versprochen noch selber getan. Als Julian im vierten Jahrhundert römischer Kaiser wurde, wollte er die alten Religionen wieder einführen. Die Christen schienen ihm eine verdächtige, ja gefährliche Konkurrenz zu sein. Über sie urteilt er: »Sie haben nur deshalb Zulauf, weil sie sich um die Alten, die Kranken und die Waisen kümmern; das machen wir nicht.« Weil er das Christentum, das Konstantin der Große privilegiert hatte, abschaffen wollte, bekam er den Namen Apostata, der Abtrünnige. Eine gleiche Einschätzung der Christen gab der sowjetische

Geheimdienst KGB: Sie haben das Alkoholproblem gelöst, sind gute Arbeiter und übernehmen soziale Verantwortung. Ja, es stimmt: Grau ist alle Theorie, wie es in Goethes *Faust* heißt. Auch die, über Gottes Verantwortung zu diskutieren, während man selbst etwas tun könnte.

Und wo ist der liebe Mensch?

Gott ist Realist. Schonungslos richtet er unseren Blick auf den Hauptverursacher des Leidens. Wer ist es denn, der Leid und Elend, Tränen und Trauer in der Welt verbreitet? Das ist die Frage, um die es geht. Der grausamste Verursacher des Leides ist der Mensch. Der Mensch ohne Gott. Wer kann es auflisten unter uns, all das Leid in dieser Welt, für das nicht Gott, sondern einzig und allein der Mensch zur Rechenschaft gezogen werden muss? Wie viele Kinder haben ihren Eltern nichts als Kummer gemacht. Wie viele Mütter werden von ihren Männern verlassen und von ihren Kindern vernachlässigt. Dafür wollen wir doch bitte nicht Gott verantwortlich machen!

Der frühere Bundespräsident Roman Herzog brachte es noch in seinem Amt als Präsident des Bundesverfassungsgerichts auf den Punkt, als er mir in einem Interview sagte: »Hielten wir uns an die Zehn Gebote, wir hätten ein anderes Land.« Es stimmt: Wer die Gebote Gottes in den Wind schlägt, erntet Sturm. Während die EU mit dicken Vertragswerken voller Paragrafen die Krümmung von Gurken und Bananen festlegt, regelt der Schöpfer seine gesamte Schöpfung mit ganzen zehn Sätzen. Sätze, in denen alles drinsteht: Umgang mit dem Leben, dem Nächsten, dem Partner, dem Geld, der Wahrheit ... Und es kann sein, dass sich der säkularisierte Mensch der Postmoderne noch danach zurücksehnen wird, dass es einmal ein Gebot gab: »Ehre Vater und Mutter.« Die Probleme unserer überalterten Gesellschaft lassen sich nicht allein finanziell lösen. Der Generationenvertrag ist mehr als Renten- und Pflegeversicherung. Gott wusste das in seiner Menschenliebe schon vor Jahrtausenden. Der liebe Mensch meinte jedoch selbstbestimmt, die Bedienungsanleitung, nämlich Gottes Wort und Gebote, ins Museum stellen zu können. Nun dürfen wir uns über die Folgen nicht wundern!

Wie viele Eltern sind schuld an den seelischen Schäden ihrer Kinder! Über all ihrem Egoismus, getarnt mit dem unsinnigen Modebegriff Selbstverwirklichung, bieten sie nicht mal ein Mindestmaß an familiärer Geborgenheit. Kinder werden abgespeist und abgeschoben, mit Geschenken beruhigt und von Fremden betreut. Vernachlässigung von Kindern ist kein bloßes Hartz-IV-Problem, die Wohlstandsverwahrlosung ist Methode bei manchen bürgerlichen Eltern. Sie haben die verspielte Zukunft der heranwachsenden Generation auf dem Gewissen. Das Hin-und-her-Geschubse von Scheidungskindern, vergoldet mit einem ICE-Wochenendticket, und das Loblied auf die Patchwork-Idylle erfahren inzwischen Gott sei Dank einen Dämpfer, seitdem selbst linke Magazine und Soziologen die Kinder als Opfer sehen, die Schaden nehmen können. Der erhobene Zeigefinger verbietet sich selbstverständlich, aber eine Problemanzeige ist überfällig.

Wie viele Menschen haben sich selbst und andere ruiniert. Ziehen wir doch einmal den Vorhang der verlogenen Bürgerlichkeit vor unserer Gesellschaft, unseren Familien und Nachbarschaften weg. Blicken wir doch einmal hinter die Fassaden unserer Ehen, Wohnungen und Arbeitsplätze. Wie viele Menschen machen sich da gegenseitig kaputt! Allein der Alkoholismus ruiniert jährlich Millionen Betroffener und deren Umgebung. Wie viele Eheleute mögen es sein, die sich gegenseitig total zerstört haben. Der »siebte Himmel« ist für sie zur Hölle geworden. Mobbing ist eine schleichende Volkskrankheit, eine verheerende Seuche in unserer Arbeitswelt, die der Wirtschaft Milliardenverluste und Tausenden Mitarbeitern tiefen Schmerz verursacht.

Viele Krankheiten, die schweres Leid über Menschen und Familien bringen, sind schlichtweg selbst verschuldet. Die Ehrlichkeit, dies zuzugeben, sollten wir durchaus einmal besitzen. Es sind viele, die immer mehr rauchen und trinken, die zu viel arbeiten und zu wenig ruhen, weil sie denken: »Mir wird das schon nichts ausmachen.« Das Leben wird verheizt. Und dann ist es plötzlich zu spät ...

Zu was Menschen alles fähig sind, höre ich gerade beim Schreiben dieser Zeilen in den Nachrichten. Ein Motorradfahrer verunglückt schwer. Verblutend liegt er auf der Autobahn Stuttgart–München. Unzählige Autofahrer fahren vorbei, ohne anzuhalten und sich um ihn zu kümmern. Endlich ruft jemand die Polizei an. Anonym. Die entsetzten Beamten berichten später, dass auch er weitergefahren ist, ohne das Unfallkommando abzuwarten. Jede Hilfe kam zu spät. Ja, wollen wir diese bestialische Grausamkeit des menschlichen Egoismus etwa Gott in die Schuhe schieben?! Wie oft schon haben hilflose Menschen am Straßenrand gewunken und Hunderte von Autos brausten vorbei.

Es ist nicht aufzulisten, das Leid, das Menschen Menschen zufügen. Tagtäglich. Wie viel Leid und wie viele Tränen bereitet der Mensch sich selbst. Es ist der Mensch ohne Gott. Der Mensch, der nicht »lieb« sein kann, weil er die Liebe verloren hat. Und diese Liebe in Person ist Gott.

Die Emanzipation von Gott

Der frühere Bundespräsident Karl Carstens hat recht: »Die Ursache allen Übels auf unsrer Erde ist der Abfall des Menschen von Gott.« Der Mensch hat Gott abgeschrieben und ihm die Schuld zugeschrieben. Er hat sich losgelöst vom Schöpfer. Er hat sich emanzipiert von seinem Leben schaffenden, ordnenden und erhaltenden Wort. Das ist der Grund der Katastrophe. Wir sind gottlos geworden, darum sieht es auf dieser Erde so aus. Darum, nicht warum!

Gräuel und Gram, Gettos und Galgen, Gräber und Gräben – das ist nicht gottgewollt, das ist menschengemacht. Das sind Signale dafür, dass der Mensch besser zerstören als aufbauen kann. Der Mensch könnte in kürzester Zeit diese Erde zum Paradies gestalten. Erfindungen und Entdeckungen ließen die Schaffung einer besseren Welt zu. Wir könnten es, aber wir tun es nicht.

Das, was der Mensch aus der wissenschaftlichen Forschung aufbauend nutzen kann, verwendet er weitgehend zur Zerstörung. Der schwedische Chemiker Alfred Nobel erfand 1867 das Dynamit. Mit diesem Sprengstoff wollte er den Berg- und Steinbrucharbeitern helfen, die damals mit bloßer eigener Körperkraft Kohle und Erz förderten. Welch eine segensreiche Erfindung! Doch was hat der Mensch daraus gemacht? Bomben.

Der Atomforscher Otto Hahn entdeckte 1938 mit Fritz Straßmann die Kernspaltung des Urans. Was hat der

Mensch daraus gemacht? Bomben. Das ist das Thema von heute: die Frage nach der Wissenschaftsethik. Darf der Mensch eigentlich alles, was er kann? Gentechnik, Sterbehilfe, Embryonenforschung, Computer statt Menschen. Der Ruf nach verbindlichen Maßstäben wird immer lauter. Wir können heute fast alles. Aber dürfen wir es auch? In den meisten Erfindungen steckt diese Ambivalenz, diese doppelte Möglichkeit: entweder Segen oder Fluch, entweder Nutzung zum Guten oder zum Bösen. Und der Mensch ohne Gott schafft es einfach nicht mehr, sein Können in die Letztverantwortung des Schöpfers zu legen. Der brillante britische Autor G. K. Chesterton (1874–1936), Erfinder des legendären »Pater Brown«, schreibt sarkastisch: »Gott hat etwas geschrieben, aber nicht so sehr ein Gedicht als vielmehr ein Schauspiel, das nach seiner Planung perfekt sein sollte; das notwendigerweise aber menschlichen Schauspielern und Bühnenbildnern überantwortet wurde, die es seither ganz schön verhunzt haben.«

Das beste Bild für verantwortete Wissenschaft finden wir in der Weihnachtsgeschichte (Lukas 2). Schon damit erweist sich die uralte Bibel als topaktuell! Da kommen – neben den einfachen Hirten vom Felde – weise Männer von weit her nach Bethlehem, indem sie nach genauester Analyse der Prophetie und der Astronomie einem Stern gefolgt sind. Als sie das Jesuskind endlich gefunden haben, beschenken sie den neugeborenen Sohn Gottes, fallen auf die Knie und beten ihn an. Wo die Weisheit der Welt vor der Wahrheit der Ewigkeit auf die Knie geht, ist

Wissenschaft in guten Händen. Wenn Wissenschaft uns zum Segen werden soll, müssen Vernunft und Glaube wie zwei Seiten derselben Münze sein. Wo sich Vernunft verselbstständigt, beginnt der Fluch. Das gilt allerdings auch für einen (Gefühls-)Glauben ohne Verstand.

Das Gleiche gilt für die Wirtschaftsethik. Die Raffgier von Bankern und die Habgier ihrer Kunden haben ganze Staaten in den Ruin getrieben und die Finanzwelt ins Wanken gebracht. Nur weil wenige nicht mehr wissen, was Anstand ist, was sich gehört und was nicht, verlieren Unbeteiligte Hab und Gut, werden sogar in den Selbstmord getrieben. Der Verlust der Werte, von Maß und Mitte hat auch Deutschland die größte Verantwortungs- und Vertrauenskrise der Nachkriegszeit beschert. Unsere Eliten scheinen sich in eine Parallelwelt verabschiedet zu haben, leben nach ihren eigenen Regeln und Gesetzen. Der »ehrbare Kaufmann« ist zu einem Fabelwesen geworden, Anstand zu einem Fremdwort. Ganz zu schweigen von den Geboten Gottes. Wir haben Sturm geerntet, weil wir sie in den Wind geschlagen haben!

Dankbar bin ich jedoch für die vielen Unternehmer und Banker, die untadelig ihrem Beruf nachgehen und zusätzlich noch unter diesen »schwarzen Schafen« leiden müssen.

Die Emanzipation von Gott hat uns die erhoffte Freiheit nicht gebracht. Sie hat uns zu Sklaven des menschlichen Egoismus werden lassen. Albert Einstein (1879–1955) soll Erfindungen mit ins Grab genommen haben. Er meinte realistisch: »Erfindungen in der Hand des gottlosen Menschen machen uns kaputt.« Dabei war es in Gottes Plan, uns die Freiheit zu schenken und uns nicht als Automaten oder Marionetten an seinen Fäden zu führen. Die Freiheit, selbst zu entscheiden, was wir tun. Die Freiheit, diese Welt besser oder schlechter zu machen. Wie wir diese Gottesgabe genutzt haben, sehen wir jeden Abend in den Fernsehnachrichten.

Bekämen wir nun eine grundsätzlich bessere Welt, wenn es mehr Christen gäbe, die sich an die Bedienungsanleitung Gottes halten? Ich meine, auch wenn viele Menschen da sind, die es gut meinen, korrekt leben und im biblischen Geist diese Welt gestalten: Das Grundproblem liegt tiefer. Wir alle sind verwoben in den Schicksalszusammenhang einer von Gott abgefallenen Welt. Luther sagt: »Wir sind alle Gefährten des gleichen Jammers.« Ob Christen oder Heiden. Wir müssen uns dieser Realität stellen: Die Welt hat sich im Ganzen losgelöst von Gott. Darum sieht es in ihr auch so aus, wie es aussieht. Gerade im Zusammenhang von Sünde und Leid erkennen wir, wie Gott die Erde eigentlich wollte. Homer, der erste Dichter des Abendlandes (ca. 1000 v. Chr.), gebraucht das griechische Wort, das das Neue Testament später für »sündigen« benutzt, für den Bogenschützen, der sein Ziel verfehlt. Sünde heißt also Zielverfehlung. Gott hat ein paradiesisches Ziel mit seinen Ebenbildern. Doch seit unser Verhältnis zu Gott nicht mehr in Ordnung ist, verfehlen wir dieses Ziel und erleiden das selbst verantwortete Gegenteil jenseits von Eden.

Der Missbrauchsskandal in der katholischen Kirche, in (auch) christlichen Schulen, in frommen Familien sind erschütternde Beispiele von Sünde und menschlicher Selbstzerstörung, für die wir nicht Gott verantwortlich machen können. »Der einzige Fallstrick, vor dem die Kirche Angst haben muss, ist die Sünde ihrer eigenen Mitglieder« (Papst Benedikt XVI.). Niemand kann sich von Schuld freisprechen, alle sind betroffen. Gerade Christen, die es besser wissen müssten, haben schändlich versagt. Unsagbares Leid, auch von Männern Gottes verursacht, lässt ahnen, dass die Macht des Bösen kein Hirn- oder Schreckgespenst ist, sondern bittere Realität.

Missbrauch ist mitten unter uns und bleibt ein Tabuthema. Für zehn bis 15 Prozent aller Mädchen und fünf bis zehn Prozent aller Jungen bis 14 Jahre ist das Kinderzimmer gefährlicher als ein Park. Die Täter, die systematisch austesten, wie weit sie gehen können, sind Verwandte und Bekannte. Dazu kommt die erschreckende Zahl von rund 10 000 Kindern, die in Deutschland Jahr für Jahr schwer misshandelt werden, so das Bundeskriminalamt. Gäbe es mehr Kinderradiologen, die »unsichtbare« Verletzungen mit modernen Mitteln aufdecken, unsere Gefängnisse würden sich füllen. Kinder sind die Schwächsten unserer Gesellschaft, am Umgang mit ihnen misst sich die Stärke der Zivilisation. Armes Deutschland, kann man da nur sagen! Und nicht: Wo ist Gott?

Jenseits von Eden

Über allen Rätseln, die die Frage nach dem Leid uns aufgibt, muss eines nüchtern festgehalten werden: Gott will das Leid nicht. Die Bibel sagt eindeutig und klar: Gott hat die Welt gut geschaffen (1. Mose 1,31). Gottes ursprüngliche Schöpfung war frei von Leid und Ungerechtigkeit, von Blut und Tränen. Erst die Rebellion des Menschen gegen Gott, die Emanzipation vom Schöpfer und seinem Wort hat die Harmonie zerbrochen. Die Welt von Leid und Tränen, von Krankheit und Tod, von Hungerkatastrophen und Kriegen ist nicht die Welt, die Gott gewollt hat.

Es ist die Welt jenseits von Eden. Und darin fühlt sich der Mensch fremd. Das ist die tiefe Begründung für Leid, wie der Wortsinn deutlich macht. »Leiden« kommt vom althochdeutschen Verb »lidan«, was wörtlich heißt: in die Fremde ziehen. Leiden hat also etwas mit »fremd sein« zu tun. Das Wort »elend« bedeutet übrigens: außer Landes sein. Der leidende Mensch hat also den Eindruck: Das ist nicht die Welt, für die ich eigentlich geschaffen bin. Hier bin ich nicht zu Hause, meine Heimat ist irgendwo anders. Der Kirchenvater Augustinus (354–430) schreibt in seinen *Bekenntnissen:* »Unser Herz ist unruhig, bis es ruht in dir, o Gott. Denn auf dich hin hast du uns geschaffen.« Paulus hat recht: »Unsere Heimat ist im Himmel« (Philipper 3,20). Hier auf Erden sind wir fremd, deshalb gehört Leid zum Leben.

Wer die Bibel ernst nimmt – und wer fragt: »Das soll ein Gott der Liebe sein?«, meint ja wohl den Gott der Bibel –, sollte deutlich erkennen: Erst die Rebellion gegen Gott brachte den Riss in der Schöpfung. Der Mensch wollte so sein wie Gott, und das wurde ihm zum Verhängnis. Man kann doch letztlich nur das bestimmen, was man selber geschaffen hat. Allein der Konstrukteur hat die Bedienungsanleitung zum bestmöglichen Gebrauch des von ihm Geschaffenen. Im alltäglichen Leben richten wir uns bei jeder Wasch- oder Kaffeemaschine nach dieser Devise. Nur Leben und Welt, die wir beide gar nicht geschaffen haben, meinen wir selbst bestimmen zu können. Dabei können wir technische Geräte reparieren oder austauschen, unser einmaliges Leben ist jedoch unwiederholbar. Welche Inkonsequenz, gerade da nicht logisch zu handeln!

Wenn Gott existiert, wenn er der Schöpfer dieser Welt ist, dann ist er auch der Herr dieser Schöpfung. Die größte Katastrophe, der Super-GAU ist folglich, dass der Schöpfer und seine Schöpfung sich als Feinde gegenüberstehen. Aus dem Miteinander ist ein Gegeneinander geworden. Nicht Freundschaft, sondern Feindschaft bestimmt das Verhältnis zwischen Mensch und Gott. Nicht höchste Harmonie, sondern schrille Dissonanz ist zu hören. Gott und Mensch stehen gegeneinander! Die Konsequenzen des Abfalls von Gott sind mit Händen zu greifen: Das Verhältnis des Menschen zur Welt ist genauso zerstört wie das zum Mitmenschen. Die Welt in Natur und Geschichte ist gekennzeichnet von Sterben und Leiden, vom Kampf aller gegen alle, vom Triumph des Stärkeren über den Schwächeren.

Der Mensch hat sich zum Gegner Gottes gemacht. Nicht umgekehrt. Und deshalb erfährt er immer wieder das »Gegenteil« von Gott. Gott ist Wahrheit (Johannes 14,6), jenseits von ihm sind Lüge und Manipulation. Gott ist Licht (Johannes 8,12), jenseits von ihm ist Finsternis. Gott ist Ordnung (Hesekiel 11,20), jenseits von ihm ist Chaos. Gott ist Friede (Epheser 2,14), jenseits von ihm ist Krieg. Der Friede wird uns nicht als billige Draufgabe unserer Bürgerlichkeit verheißen, nicht als süßliches Weihnachtspräsent. Friede gibt es nur in dem Maße, wie Gott geehrt wird. Die Engel verkünden am Heiligen Abend: »Ehre sei Gott in der Höhe und Friede auf Erden« (Lukas 2,14). Wo Gott nicht geehrt wird, kann kein Friede sein.

Auschwitz als Testfall der Theodizee

Die Selbstvergötzung des Menschen und die Perversion von Religion zur Ideologie finden ihren tragischen Gipfel im historisch einmaligen und unvergleichbaren Holocaust. Die Abgründe der Hölle öffneten sich in Bergen-Belsen, Sachsenhausen oder Theresienstadt. Symbol für all die dämonischen Zerstörungsmächte menschlichen Handelns sind das Warschauer Getto und Auschwitz. Deutschlands populärster Literaturkritiker Marcel Reich-Ranicki bewegte Millionen am Bildschirm, als der 91-Jährige am 27. Januar 2012 im Bundestag mit schwacher, gebrochener Stimme als Getto-Überlebender sprach, ohne Groll gegen Gott oder das heutige demokratische Deutschland. Beschämend, wie ein Mann mit solch tragischer Vergangenheit so viel für die Zukunft unseres Landes getan hat.

Bezeichnend, dass er einen Gott, an den er bekanntermaßen nicht glaubt, auch nicht anklagt. Das zeugt von Intelligenz und Konsequenz im Gegensatz zu all jenen Berufsempörern, die an Gott nicht glauben, ihn jedoch dauernd zur Rechenschaft ziehen wollen. Eins von beiden geht nur, wenn man glaubwürdig auf Niveau argumentieren will. Ringen um diese Frage kann nur, wer mit der Realität Gottes rechnet und sich dann verzweifelt fragt: Wie konnte Gott in Auschwitz sein, ohne Auschwitz zu verhindern? Atheisten haben keine Ahnung davon, was wirkliche Zweifel an Gott sind, an seiner Güte, Fürsorge und Liebe. Wer fest mit Gott rechnet, dem geht die Warum-Frage an den Nerv.

Gelehrte Leute haben versucht, den Widerspruch aufzulösen, und sind an ihrem Nachdenken gescheitert. Wie der Philosoph Gottfried Wilhelm Leibniz (1646–1716), ein Universalgenie, Erfinder der Rechenmaschine und damit bereits der Computersprache. Er hat nicht aus oberflächlichem Spott dieses Thema verhandelt, er hat sich das Hirn zermartert, ob es nicht doch eine Antwort auf Gott in all dem Leid gibt. Er wollte ihn quasi rechtfertigen. Der von Leibniz eingeführte Begriff der Theodizee meint den Versuch, die Vorstellung eines liebenden und allmächtigen Gottes mit den Grausamkeiten dieser Welt in Einklang zu bringen. Wenn es diesen Gott gibt, warum verhindert oder hilft er nicht? Interessiert ihn das Leid nicht, dann ist er kein liebender Gott. Kann er nicht eingreifen, so ist er nicht allmächtig.

Selbst Leibniz gelang es nicht, die Spannung zu lösen. Er versuchte, die Theodizee-Frage damit zu klären, dass diese Erde eben die bestmögliche Variante sei, die Gott habe schaffen können. Das Leid sei deshalb notwendig, damit das Gute überhaupt als gut zu erkennen sei. Oft sei das Übel nur scheinbar. Genau genommen relativiert er damit doch das Leid, das Menschen konkret zu erdulden haben. Besonders zynisch wurden die Leibniz-Thesen empfunden, als 1755 mindestens 30 000 Menschen dem verheerenden Erdbeben von Lissabon zum Opfer fielen.

Leibniz meinte auch im Blick auf eigene Erfindungen, diese nicht perfekte Welt habe hinsichtlich des Leides

»Entwicklungspotential«. Irrtum, Herr Professor! Nach 300 Jahren haben es weder Wissenschaft noch Politik, weder Medizin noch Technik auch nur ansatzweise geschafft, das Leid in den Griff zu bekommen oder gar zu minimieren, geschweige denn zu eliminieren. So war 2011 das teuerste Jahr für die weltweiten Versicherer. Allein die Katastrophe um die Kernkraftwerke in Fukushima, sehenden Auges in einer höchst gefährdeten Erdbebenregion errichtet, brachte laut »Münchener Rück« einen Schaden von 210 Milliarden Dollar. Nein, das Leid ist mehr denn je ein fester Bestandteil unserer Welt jenseits von Eden.

Der beispiellose Holocaust ist der wohl schrecklichste Beweis. Es war erst durch die modernste Technik, die das beginnende 20. Jahrhundert zu bieten hatte, möglich, eine solch bestialische Massenvernichtung durchzuführen. Die Wissenschaft des Nationalsozialismus wurde sozusagen in den Dienst des Teufels gestellt, um die Hölle auf Erden zu bringen. Das ist auch eine Form von Entwicklungspotenzial, nur in die genaue Gegenrichtung leibnizscher Erwartungen. Das Gleiche trifft für die mörderische Ideologie des Kommunismus zu. Allein Stalin hat mit der systematischen Vernichtung, seiner »Säuberung«, 20 Millionen Menschen auf dem Gewissen. In den 1930er-Jahren wurden täglich 1000 Menschen brutal ermordet. Nicht nur Leibniz, alle Gelehrten scheitern letztlich an der Theodizee-Frage. Entweder ihre Lösungsansätze bestreiten das Böse in der Welt oder sie bestreiten die Güte und Allmacht Gottes.

Als man in Paris aufklärerisch an die Absetzung Gottes dachte, um ihn durch die Göttin Vernunft zu ersetzen, schrieb der Philosoph Immanuel Kant (1724–1804) Ende des 18. Jahrhunderts *Über das Misslingen aller philosophischen Versuche in der Theodizee.* Es stimmt: Keiner der großen Denker konnte das Problem lösen, weder Leibniz noch Hegel, weder Augustin noch Luther. Marcel Reich-Ranicki hat sich im Bundestag zum Holocaust-Gedenken dieser Frage konsequenterweise nicht gestellt, weil er ohnehin davon ausgeht, dass es Gott nicht gibt.

Vielen Christen und Juden will das nicht gelingen, weil der Schmerz viel zu tief sitzt. Wo war Gott in Auschwitz? Kann man nach Auschwitz noch beten, noch Choräle singen? 1,3 Millionen Juden wurden ab Juni 1940 nach Polen in das größte Vernichtungslager des NS-Staates deportiert, nur wenige überlebten. Hunderttausende misshandelt, vergast oder erschossen, sie starben an Unterernährung, Krankheit, medizinischen Versuchen. Menschen als Material, die Ebenbilder Gottes als Wegwerfware, der »Augapfel Gottes« (Israel und die Juden) in satanischer Gewalt.

Wo war Gott bei den Gefolterten in Auschwitz? Er hat schließlich ja auch die Täter, die 3200 Bestien geschaffen, die vom Kommandanten über Erschießungstrupps bis zu SS-Ärzten diese Todesmaschinerie in Betrieb hielten. Eine Hölle voll zynischer Menschenverachtung, technisierter Grausamkeit, fabrikmäßiger Massentötung. Wie kann das sein, dass ein Kommandant klassische Musik hört, während die Kolonnen an ihm vorbei in die Gaskammern marschieren? Klassik lieben und KZs leiten, das passt genauso wenig zusammen wie ein Gott der Liebe, der das Grauen zulässt.

All die grausamen Einzelheiten, die Reich-Ranicki aus dem Warschauer Getto und die die Befreier der KZs berichten, bestätigen, was Adolf Hitler Jahre zuvor bereits dem damaligen Danziger Senatspräsidenten Hermann

Rauschning (1933/34) über seine Vision von der Weltherrschaft einer arischen deutschen Rasse in einem vertraulichen Kamingespräch sagte: »Es kann nicht zwei auserwählte Völker geben. *Wir* sind das Volk Gottes.« Rauschning wandte ein, das sei sicher symbolisch aufzufassen. »Nein«, entgegnete Hitler, »es ist die Wahrheit, an der nichts herumzudeuten ist. Zwei Welten stehen einander gegenüber! Der Gottesmensch und der Satansmensch. Der Jude ist der Gegenmensch, der Antimensch.« Hitlers »Tausendjähriges Reich« dauerte zwölf Jahre. Jahre, in denen die Wahnideen des Tyrannen Auschwitz zum größten Judenfriedhof der Welt machten. Niemand soll sagen, er habe das nicht gewusst. Selbst Hitlers Pamphlet *Mein Kampf* spricht eine deutliche Sprache.

Und wo war Gott? Der Widerstandskämpfer und Märtyrer des nationalsozialistischen Terrors, Dietrich Bonhoeffer, am 9. April 1945 im KZ Flossenbürg umgebracht, schrieb 1944 in seiner Gefängniszelle: »Christus, so sagt die Heilige Schrift, erfuhr alles Leiden aller Menschen an seinem Leibe als eigenes Leiden. Ein unbegreiflich hoher Gedanke. Er nahm es auf sich in Freiheit.«

Wer denkt da nicht an Pater Maximilian Kolbe, der sich in freiwilliger Stellvertretung, im Aufblick zu Gott, für einen Familienvater in Auschwitz ermorden ließ. Man warf ihn mit neun anderen Häftlingen in den Hungerbunker, in dem auch die ersten Vergasungsexperimente gemacht worden waren. Tagelang habe man ihn singen und beten gehört. Als die anderen längst verhungert waren, gab Kolbe immer noch Lebenszeichen von sich, sodass ihm am

14. August 1941 schließlich eine Giftspritze gesetzt wurde. Bonhoeffers letzte Worte auf dem Weg zum Galgen: »Das ist das Ende. Für mich der Beginn des Lebens.« Wie ein Gutsherr sein Schloss, so habe er seine Zelle verlassen.

Nach dem Tod beginnt das Leben, daran dachte ich, als ich die Todesanzeige der hochgeschätzten Ärztin Dr. Veronica Carstens († 25. Januar 2012) bekam, Gattin des früheren Bundespräsidenten. Ihr Mann hatte mir in einem Gespräch einmal von einer regelrechten Bekehrung von der Skepsis hin zu Christus erzählt: »Das verdanke ich meiner Frau.« Als Trauerspruch wurde nun ein Satz von ihr zitiert aus einem *idea*-Interview 1996: »Habt keine Angst, es geht weiter nach dem irdischen Leben. Dieses uns geschenkte Leben ist nur ein kleiner Ausschnitt unserer ewigen Existenz, unseres langen Weges, der am Ende zu Gott führen wird.« Der Völkerapostel Paulus, selber durch die Leidenshölle gegangen, schreibt: »Denn ich bin überzeugt, dass dieser Zeit Leiden nicht ins Gewicht fallen gegenüber der Herrlichkeit, die an uns offenbart werden soll« (Römer 8, 18).

Es gibt sie also, jene Männer und Frauen, die ihren Glauben in und wegen Auschwitz nicht verloren haben, die bis zum Schluss an Christus und seinen Verheißungen festgehalten haben. Selbst in Auschwitz haben Juden und Christen an den verborgenen, mitleidenden und erbarmenden Gott geglaubt. Sie haben vertraut und, was wir nicht übersehen dürfen, gebetet. Selbst in der Hölle haben sie den Himmel gesehen. So berichtet Rabbi Zwi Hirsch, wie er am Neujahrstag unter Lebensgefahr 1400 zum Tode verurteilten Jungen auf deren Bitten ein letztes Mal den Schofar, das Widderhorn, blies: »Selbst wenn ein scharfes Schwert an der Gurgel eines Menschen liegt, soll er nicht an der Barmherzigkeit Gottes verzweifeln.«

Hans Küng sagt dazu: »Weil Menschen sogar in Auschwitz gebetet haben, ist das Gebet nach Auschwitz zwar nicht leichter geworden, aber sinnlos, nein, sinnlos kann es jedenfalls deshalb nicht sein.« Als der bedeutende Philosoph Robert Spaemann vom *Spiegel* herausfordernd und skeptisch gefragt wurde, wo Gott denn in Auschwitz gewesen sei, antwortete er mit knappen zwei Worten: »Am Kreuz!« Wenn man alle Varianten der Theodizee, also der Frage nach der Rechtfertigung Gottes bei all dem Leid, intellektuell und existenziell, philosophisch und theologisch durchgespielt hat, wird man letztlich nur diese eine Antwort finden – oder verzweifeln.

Der amerikanische Schriftsteller Elie Wiesel, Friedensnobelpreisträger 1986, ein Überlebender des Holocaust von Auschwitz und Buchenwald, erzählt diese ergreifende Geschichte, die er als 15-Jähriger im KZ selbst erlebt hat: Elie Wiesel war dabei, als zwei Männer und ein Junge gehenkt wurden. Die gepeinigten KZ-Kinder mussten sich das per Befehl ansehen. Als die beiden schweren Männer längst tot waren, kämpfte der Junge mit seinem geringen Körpergewicht immer noch den Todeskampf. Da fragte ein Mann den Knaben Elie spöttisch: »Na, wo ist denn jetzt Gott? Wo ist er?« Da hörte Elie eine Stimme in sich: »Dort – dort hängt er! Am Galgen!« Wir wissen nicht, warum Gott nicht eingreift. Aber wir wissen, dass er da ist und unsere Schmerzen und unser Leid mitleidet.

Wo in diesem Schmerz die Worte fehlen, bleibt der Schrei im Gebet. Das hat Papst Benedikt XVI. bei seinem Auschwitz-Besuch im Mai 2006 eindrucksvoll gezeigt wie bereits sein Vorgänger, der polnische Papst Johannes Paul II. Der eher papstkritische Theologe Hans Küng nennt das anerkennend »Theologie des Schweigens« und erinnert an den biblischen Bericht vom Tod der durch Gottes Feuer getöteten Söhne Aarons, wo es vom Vater heißt: »Und Aaron schwieg« (3. Mose 10,3). Damit verzichtet er auf eine letzte Rechtfertigung Gottes, denn: »Würde ich ihn kennen, so wäre ich er«, wie ein altes jüdisches Wort sagt. Benedikt XVI. hat in Auschwitz keine lange theologisch-theoretische Erklärung abgegeben, er hat schlicht gebetet. Er hat nicht nach Gründen gesucht und sich in Interpretationen versucht, er hat die Frage nach dem Warum stehen gelassen und in ein Gebet gefasst. Eine leise Demonstration für die Anwesenheit Gottes und damit eine klare Antwort. Die Zeitungen druckten das Gebet weltweit unter der Überschrift »Der Schrei Hiobs«.

Hiobs Botschaft statt Hiobsbotschaft

»Der Mensch ist ein Wesen, das auf Sinn angelegt ist. Wir müssen also eine Antwort finden«, meinte der Psychotherapeut Viktor E. Frankl (1905–1997), ein Holocaust-Überlebender. Und fügte hinzu: »Trotzdem Ja zum Leben sagen.« So heißt auch sein Buch – mit dem Untertitel *Ein Psychologe erlebt das Konzentrationslager.* Das klagende Fragen nach Gott, das Flehen und Schreien in all unserem Leid, bei all den Hiobsbotschaften ist erlaubt, denn wir haben es mit einem lebendigen Gott zu tun. Und viel mehr: Wir sind dabei sogar in bester Gesellschaft: Jesus am Kreuz, Hiob im Kampf ums Überleben.

Erschütternd das Testament von Jossel Rakover, Widerstandskämpfer im Warschauer Getto, der als moderner Hiob gilt, der mit Gott hadert, aber letztlich doch an ihm festhält und ihm vertraut. Zvi Kolitz erzählte erstmals 1946 in der *Jiddischen Zeitung* von Buenos Aires über ihn. Ein Text, der inzwischen in jüdischen Gebetsbüchern und christlichen Geschichtswerken genauso zu finden ist: »Ich glaube an den Gott Israels, auch wenn er alles getan hat, dass ich nicht an ihn glauben soll. Ich kann dich nicht loben für die Taten, die du duldest. Ich segne und lobe dich aber für deine schiere Existenz, für deine schreckliche Größe.« Nach einer langen Kette von Klagen heißt es schließlich: »Ich sage dir alles deutlich, weil ich an dich glaube, noch mehr als zuvor, weil ich weiß, dass du mein Gott bist.«

In der Gestalt des Hiob, im Alten Testament der Bibel beschrieben, begegnet uns in aller Schärfe und Konsequenz die Frage nach Gott im Leid. Hiob fragt und klagt als Betroffener. Ihm droht sein Glaube zu zerbrechen. Nicht in der Theorie, sondern am eigenen Leib und Leben. Hier wird nicht akademisch verhandelt, sondern mit dem lebendigen Gott gerungen. Hiob verzweifelt daran, dass seine bisherigen Gleichungen vom »lieben Gott« nicht mehr aufgehen. Das Gute, das er tut, wird nicht belohnt. Die Gebete, die er fleht, werden scheinbar nicht erhört. Alles wird ihm genommen, dem Reichen und Frommen. Erst der Besitz, dann die Gesundheit, die Kinder; und am Ende geht es ihm selbst an den Kragen. Nicht umsonst sprechen wir bis heute von Hiobsbotschaften.

Doch Hiobs Botschaft bei all diesen Hiobsbotschaften ist eine ganz andere: Er ringt mit Gott und um Gott, er redet nicht bloß über Gott. Seine Freunde wollen ihm schlau erklären, warum er so leidet. Sie wollen Gott rechtfertigen, betreiben sozusagen die erste Theodizee-Debatte der Menschheitsgeschichte. Sie tun das vielleicht weniger um Hiobs als um ihrer selbst willen, woran sich bis heute nichts geändert hat. Da sind die Frommen mit ihren vorschnellen Patentantworten, die Gott wohlmeinend aus der Bredouille bringen wollen, als hätte der Allmächtige die Verteidigung durch Ohnmächtige nötig. Und da sind die Spötter, Zweifler und Atheisten, die Gott schon längst abgeschrieben haben und nun eine willkommene Selbstrechtfertigung suchen.

Obwohl die Theodizee-Thesen von Hiobs Freunden gar nicht so dumm sind, urteilt Gott: »Ihr habt nicht recht von mir geredet« (Hiob 42,7). Was Hiob von seinen Freunden grundlegend unterscheidet, ist letztlich der einzige (er-)lösende Weg aus dem dramatischen Dilemma: Die Freunde argumentieren, Gott habe mit dem Leid gar nichts zu tun, wollen Gott quasi vom Leiden fernhalten, ihn in Schutz nehmen. Und Hiob macht das genaue Gegenteil: Er sucht die Nähe Gottes im Leiden, sucht seinen Schutz. Er fragt: »Gott, wo bist du jetzt?«, und nicht: »Wie kann Gott das zulassen?« Während Hiobs Frau von Gott in all dem Elend nichts mehr wissen will, ist er der Meinung: Wenn wir das Gute von Gott annehmen, warum nicht auch das Schlechte (Hiob 2,10)? Die Freunde versuchen, Gott zu rechtfertigen; er müsse schließlich Gründe haben, weshalb er den frommen Hiob so leiden lasse. Ihr Gott ist kalt und unbeteiligt – wie ein Gesetz, ein Prinzip, eine Dogmatik. Sie haben aus Gott einen Polizisten gemacht nach dem Motto: Halte dich an die Geschwindigkeitsbegrenzung, sonst werde ich dich beschränken.

Ganz anders Hiobs Botschaft! Er empfindet sich so von Gott verlassen, wie selbst Jesus Christus viele Jahrhunderte später am Kreuz flehte: »Mein Gott, mein Gott, warum hast du mich verlassen?« Doch das kann man nur rufen, wenn man Gott kennt, wenn man eine persönliche Beziehung zu ihm hat, die nun in eine tiefe Zerreißprobe und Echtheitskrise kommt. Wer Gott nicht kennt, hat auch keine Adresse zur Klage! Hiob sieht sich von Gott verlassen, aber er will Gott nicht loslassen. Er schreit in seiner Gottverlassenheit nicht ins Leere, sondern zu Gott! Wer alles Gute Gott verdankt, der kann auch sein Leiden nicht losgelöst von Gott sehen. Das ist Versuchung, Glaubenstest und echte Verzweiflung. Im Gegensatz zum Jammern und Theoretisieren über einen ungerechten Gott, den man nie wollte und den man nun als Notnagel oder Sündenbock braucht.

Für Hiob ist es keine Frage, dass es Gott in seinem Leid (noch) gibt. Ja, er existiert! Die leidenden Elendsgestalten der Bibel fragen nie danach, *ob* Gott da ist, sie fragen, *wie* Gott da ist und *wo* er jetzt zu finden ist. Wie erzählte der Friedensnobelpreisträger Elie Wiesel aus Auschwitz? »Wo ist Gott?«, fragte ein Mann, als die SS-Schergen einen Jungen qualvoll henkten. »Wo er ist? Dort – dort hängt er! Am Galgen!« Um es auf den Punkt zu bringen: Ein Gott, der dieser Ohnmacht nicht fähig ist, ist der Allmacht nicht würdig, weil er den Opfern nicht nahe sein kann. So passen Allmacht und Ohnmacht Gottes zusammen, das ist logisch, eben »theo-logisch«. Wer Gott nicht jenseits, sondern im Leid sucht, wird Trost finden.

Hiobs Botschaft: In unserer Welt jenseits von Eden müssen wir Gottes Allmacht mit seiner Ohnmacht zusammensehen, so schwer das auch fällt und so paradox es klingt. Wir müssen Gott quasi »brutto« nehmen, ihn lieben, wie er ist, mag er sein, wie er will. So wie jeden, den wir lieben – und zwar mit all den Dingen, die wir (noch) nicht verstehen. Der große Theologe Karl Barth (1886–1968) schreibt: »Was sind doch die sämtlichen alten und neuen

Skeptiker, Pessimisten, Religionsspötter und Atheisten für arglose, gemütliche Gesellen neben diesem Hiob! Die wussten und wissen ja gar nicht, gegen wen sie mit ihrem Achselzucken, Zweifeln, Lächeln und Leugnen angingen und angehen. Hiob wusste es!«

Auf dem Kreuzweg aller dunklen Hiobsbotschaften strahlt Hiobs Botschaft, in Händels *Messias* eindrucksvoll vertont: »Ich weiß, dass mein Erlöser lebt!« (Hiob 19,25). Dieser Jubel ist nicht auf den Höhenwegen des Lebens entstanden, sondern im tiefen Tal. Das »Große Halleluja«, das der Chor in Händels Oratorium schmettert, ist das Ergebnis der niederschmetternden Leiderfahrung des Hiob, dessen zuversichtliche Botschaft sich in der eindrucksvollen Arie verdichtet: »Ich weiß, dass mein Erlöser lebt!« Die festen Schläge seines Lebens haben ihn dennoch festhalten lassen an dem Gott, mit dem er bisher nur gute Erfahrungen gemacht hatte.

Wer nicht an Gott in all seinem Leid festhalten will, wer nach Schicksalsschlägen nicht mehr an ihn glauben will, der nimmt in Kauf, dass seine Hoffnung nun an ihre Grenzen kommt. Und wir Menschen wissen doch, wie eng unsere Grenzen sind. Gottes Allmacht ist in unserer Ohnmacht die letzte Hoffnung. Dass Gott am Ende die Allmacht haben wird und nicht das Leid, der Schmerz, das Nichts, das macht unsere Hoffnung stark. Hiob hat's erlebt! Für ihn war die Erfahrung Gottes im Leid wertvoller für sein künftiges Leben als Gesundheit und Reichtum. Er hat keine rationale Erklärung bekommen, dafür jedoch Gott persönlich kennengelernt: »Ich hatte von dir nur vom Hörensagen vernommen; aber nun hat mein Auge dich gesehen« (Hiob 42,5). Ein Leben verändernder »Augen-Blick« im Leid! Hiob weiß nun: Gott hat das letzte Wort, bei ihm ist das Leid nie das Letzte.

Hiob hat im wahrsten Wortsinn »in Sack und Asche« Buße darüber getan, überhaupt nur einen Zweifel an Gottes Fürsorge gehegt zu haben. Gott nicht alles zutrauen, auch seine Gegenwart im Leid nicht, wäre ja ein Riss im Vertrauensverhältnis zu ihm. Ein kleines Zeichen der großen Trennung des Menschen von Gott und seinen Geboten, unter der diese Erde bis heute leidet.

Die Hölle auf Erden

In dem Maße, in dem die Menschheit sich programmatisch von Gott, Glaube und Geboten losgesagt hat, wuchsen Hass und Mord in unserer Welt. Die Abkehr des Menschen von Gott – das ist die Katastrophe über dieser Welt! »Der Abfall von Gott ist die Ursache unserer Krise«, meinte Tschechiens verstorbener Präsident, der Schriftsteller Vaclav Havel, beim Wirtschaftsforum 2000. Deshalb taumelt sie immer wieder neuen Schrecken entgegen. Ein Blick in die Zeitungen oder die TV-Nachrichten genügt, um zu merken: Diese Welt hat ein Problem. Das ganze System krankt. Das Leid ist nicht mehr wegzudenken.

Nach den tiefen Abgründen der Hölle, in die unsere Eltern und Großeltern geschaut haben, entschlossen sich die Gründungsväter des demokratischen Deutschlands, dem Grundgesetz eine Präambel zu geben. Kein einleitendes Vorwort, sondern einen leitenden Vorsatz, sozusagen das Pluszeichen vor der Klammer, von dem sich alle Grundrechte wie Menschenwürde, Menschenrechte, Gleichheit vor dem Gesetz und Gleichwertigkeit von Mann und Frau ableiten lassen: »In Verantwortung vor Gott und den Menschen ...« Die Präambel des Grundgesetzes war in der Stunde null der Weg zu einem radikalen (lateinisch *radix* »Wurzel«), an die Wurzel gehenden neuen Anfang. Beschrieben wird dies ausdrücklich in der Präambel der Bayerischen Verfassung: »Angesichts des

Trümmerfeldes, zu dem eine Staats- und Gesellschaftsordnung ohne Gott, ohne Gewissen und ohne Achtung vor der Würde des Menschen die Überlebenden des Zweiten Weltkrieges geführt hat …« Gegen den autonomen Machtanspruch des Menschen wird die Autorität Gottes gesetzt. Himmel statt Hölle. An Gottes Maßstäben Maß nehmen und damit für unsere Demokratie Maß und Mitte haben.

Wer sich nur selber behaupten will, zerstört sich in Wahrheit und reißt andere mit. Die Selbstbehauptung gegen Gott ist nichts als Selbstzerstörung. Wer nicht mehr nach Gott fragt, der fragt unmerklich und unaufhaltsam nur noch nach sich selbst, nach seinem Vorteil. Und das hat weltgeschichtliche Konsequenzen. Denn wer nur noch nach sich selbst fragt – Selbstverwirklichung, Selbstfindung, Selbstbefreiung –, der fragt auch nicht mehr nach dem Nächsten. Eine eiskalte Welt unbarmherziger Lieblosigkeit ist die Folge. Unsere Ego-Gesellschaft spricht doch Bände, in der immer mehr vom immer kleiner werdenden Kuchen das größte Stück abhaben wollen. Notfalls über Leichen; leider oft im wahrsten Wortsinn.

Gott überlässt den Menschen, der sich in freiem Entschluss von ihm und seinen Geboten abwendet, in aller Souveränität sich selbst. Und den Rest erledigen wir dann von selbst. Das Gesicht unserer Erde ist Beweis genug. Gott gibt uns dahin an uns selbst. Gott richtet, indem er den Menschen gewähren lässt. Er zwingt uns nicht zur Liebe, weil man Liebe nicht erzwingen kann. Er spielt kein fatalistisches Marionettentheater mit uns, sondern lässt uns die Freiheit. Und das, was wir jetzt daraus gemacht haben, ist der Preis dafür. Lesen wir einmal unter diesem Aspekt das erste Römerbrief-Kapitel (ab Vers 18).

Statt Gott zu erkennen und anzuerkennen, haben wir den Menschen an seine Stelle gesetzt. Göttliche Gebote haben wir gegen menschliche Maßstäbe eingetauscht. Und dabei wähnt sich eine Gesellschaft, die sich von den »Fesseln« der Religion löst, noch wahnsinnig fortschrittlich. Ja, Wahnsinn ist das Fortschreiten von der Wahrheit! Wir haben Relatives verabsolutiert und Götzen zu letzten Instanzen inthronisiert. Damit sind wir zu Spießbürgern geworden. »Ein Spießbürger ist der, der relative Dinge absolut setzt« (Sören Kierkegaard, 1813–1855).

Paulus analysiert: »Gleichwie die Menschen es für nichts geachtet haben, dass sie Gott erkannten, hat sie auch Gott dahingegeben in verworfenen Sinn, zu tun, was nicht taugt« (Römer 1,28). Gottes Zorn – das ist kein wütender Gott im Himmel, der seine Blitze auf die Erde schleudert und alles entzweischlägt. Der Zorn Gottes besteht darin, dass er den Menschen gewähren lässt. Das ist die nüchterne Realität: Was wir als willkommene Freiheit erachten, ist in Wirklichkeit Zorn Gottes. Aber bereits bei den Konsequenzen dieser »Freiheit von Gott« erkennen wir ja schlagartig, wie verheerend sie sich auswirkt. Es stimmt: Es gibt kein größeres Gericht Gottes, als dass der Mensch bekommt, was er will. Wie kommt das eigentlich, dass wir aus diesem heiligen Gott so etwas Süßliches, Altväterlich-Harmloses gemacht haben?!

Die sentimentale Bezeichnung »lieber Gott« kommt in der Bibel kein einziges Mal vor. Es ist nämlich nicht nur wichtig, was in der Bibel steht, sondern auch, was nicht in ihr steht. Jahrhunderte haben wir den »lieben Gott« wie einen Großvater verehrt. Aber den Gott der Bibel haben wir vergessen. Wir haben uns einen eigenen Gott gezimmert, eben den »lieben«. Aus menschlichen Wünschen, Vorstellungen und Vorurteilen. Da hat der Philosoph Ludwig Feuerbach (1804–1872) nicht unrecht: »Der Mensch schuf Gott nach seinem Bilde.« Eine Selfmade-Religion mit Zuckerguss. »Wir gehen einer Zeit entgegen, in der wir uns selbst eine einfache Religion zurechtmachen: Der Mensch ist gut, und Gott ist lieb – und der gute Mensch hat eigentlich einen Anspruch auf Gottes Liebe« (Hans von Keler).

Der »liebe Gott« ist tot? Es hat ihn nie gegeben! Das ist die Wirklichkeit. Wir haben Gott zum Mittel gemacht und dabei übersehen, dass er die Mitte aller Dinge ist. Der »liebe Gott« als pädagogisches Instrument zur Kindererziehung, als Polizist: »Wenn du nicht brav bist, straft dich der liebe Gott ...« Als Lückenbüßer: »Der liebe Gott wird schon bei dir sein ...« Ein solcher Gott ist eine Karikatur. Aber Gott ist nicht harmlos, sondern heilig. Er ist nicht der liebe, sondern der liebende Gott ... Er zwingt uns nicht, er hält uns nicht am Gängelband, er schenkt uns Entscheidungsfreiheit.

Gott spielt mit offenen Karten

Ursache und Wirkung verschweigt Gott uns nicht. Er legt die Karten offen auf den Tisch: »Der Sünde Sold ist der Tod« (Römer 6,23). Das heißt: Absonderung von Gott ist Lebenszerstörung. Wer sich von Gott abkehrt, der begeht Selbstmord auf Raten. Er bringt Leid und Tränen über sein Leben. Das ist keine Angstmacherei, sondern nackte Realität.

Sollen wir es einmal schonungslos auflisten? Armut in der Welt ist doch keine Gottesstrafe, sondern eine Anfrage an unseren Reichtum. Rassenkrawalle und Religionskriege sind doch keine von Gott verordneten Klassenkämpfe, sondern die Frucht menschlichen Hochmuts. Hunger ist doch kein Schicksal, sondern eine Herausforderung für die übersatte Welt der Habenden. Die Gulags und Gefangenenlager in aller Welt – sie zeugen doch nicht von der Abwesenheit Gottes. Sie sind nicht in der ohnmächtigsten Stunde Gottes, sondern in der schändlichsten Stunde des Menschen gebaut worden.

Lassen sich denn Stalingrad, Somalia oder Afghanistan auf das Konto Gottes buchen? Hat Gott Chemie- und Atombomben entwickelt? War er der irre Kapitän, der ein riesiges Kreuzfahrtschiff (*Costa Concordia,* Januar 2012) auf Grund setzt und dann als einer der Ersten von Bord flüchtet und über 4000 Passagiere ihrem Schicksal überlässt? Ist er denn schuld, dass Millionen Menschen hungern müssen, während tonnenweise Weizen verbrannt wird? In Deutschland sind Lebensmittel zu einer Billig- und Wegwerfware verkommen, obwohl es doch Mittel zum Leben sind. Bis auf den heutigen Tag werden Feldfrüchte vernichtet, um den Weltmarkt stabil zu halten. Gott hat sogar zu viel wachsen lassen! Aber in der Hand des Menschen pervertiert der Erntesegen zum Fluch. Der Mensch hat mit seinem egoistischen Hochmut vernichtet, statt zu verteilen. Es ist doch eine erschreckende Tatsache: Auch der Wohlstand wird einer gottlosen Generation zum Verhängnis. Hunger trotz Überfluss, das ist ein Teufelskreis, aber nicht Gottes Werk!

Wolfgang Borchert hat in seinem Hörspiel *Draußen vor der Tür*, aus dem ich anfangs zitierte (S. 18 f.), sehr wohl den schwachen Punkt seiner Anklage gegen Gott entdeckt. Seine Beweisführung steht auf brüchigem Fundament. Es ist zu vordergründig, zu meinen, dass aus der Existenz von Leid und Tränen in der Welt automatisch auf die Abwesenheit Gottes geschlossen werden muss. Deshalb lässt Borchert Gott sprechen: »Meine Kinder haben sich von mir gewandt, nicht ich von ihnen. Ich bin der Gott, an den keiner mehr glaubt.« Damit trifft der Dichter den wunden Punkt. Diese Erkenntnis ist einer der Schlüssel zu unserem Thema.

Die Bibel verheimlicht Ursache und Wirkung an keiner Stelle. Im Gegenteil. Bereits der Prophet Jeremia, der übrigens selbst ein schwer leidender Mann war, schreibt: »Deine Bosheit ist schuld, dass du geschlagen wirst, und dein Ungehorsam, dass du so gestraft wirst. Und du musst innewerden und erfahren, was es für Jammer und

Herzeleid bringt, den Herrn, deinen Gott, zu verlassen und ihn nicht zu fürchten, spricht Gott« (Jeremia 2,19). Offener und deutlicher kann man es gar nicht sagen.

Merken wir eigentlich, wie sich plötzlich unsere oben behandelte Frage nach Güte und Allmacht Gottes langsam umkehrt? Hart gesagt: Solange es in dieser Welt Sünde gibt, also die bewusste Abkehr von Gott und seinen Geboten, kann das Leid letztlich kein Problem sein. Denkerisch stünden wir nämlich vor einem Problem, wenn es in einer sündigen Welt *kein* Leid gäbe. Denn dann müssten wir eingestehen, dass kein guter und allmächtiger Gott existieren kann. Entweder müsste es ihm völlig gleichgültig sein, ob Sünde Folgen hat – dann wäre er nicht gut und gerecht. Oder er wäre dazu nicht fähig – und folglich dann auch nicht allmächtig. So lautet die Gleichung. Da Gott aber gut und allmächtig ist, lässt er sich nicht spotten (Galater 6,7).

Eines ist klar: Viele Tränen müssten nicht geweint werden, wenn man sich zu Gott gehalten hätte. Die Wahl liegt auf der Hand: Christus oder Chaos. Mitten in den Trümmern von Nachkriegsdeutschland standen diese drei Worte, diese Alternative auf den Plakaten, die zu den Vorträgen des legendären Essener Pfarrers Wilhelm Busch einluden. Jeder konnte damals mit eigenen Augen sehen, welches Chaos eine gott- und christuslose, menschenverachtende Ideologie anrichtet. Gott gängelt diese Welt nicht an lauter guten Fäden. Aber er ruft sie zu einer freiwilligen festen Bindung an sich und damit an die Wahrheit. Er hat den Menschen den Weg zum Leben eröffnet und den zum Tode warnend gezeigt. Nun können wir uns entscheiden.

Gott spielt mit offenen Karten: »Der Sünde Sold ist der Tod.« Und dann folgt ein dickes »Aber«: »Aber die Gabe Gottes ist das ewige Leben in Christus Jesus, unserem Herrn« (Römer 6,23). Die Gottesnähe bekommen wir alle geschenkt. Die Gottesferne müssen wir teuer bezahlen. Wie sagte Roman Herzog? »Hielten wir die Zehn Gebote, wir hätten ein anderes Land.«

Warum gerade ich?

Nun sind Sie dem Gedankengang gefolgt und werden sagen: »Das klingt eigentlich logisch. Es lohnt sich, darüber einmal ernsthaft nachzudenken.« Dennoch werden Sie einwenden: »Auch wenn das alles stimmt, so frage ich mich: Und warum trifft das Leid *mich?* Warum muss *ich* so viele Tränen vergießen? Warum geschieht *mir* das?«

Wenn ich diese Frage »Warum *ich* in all dem Leid?« stelle, so ist dies – nüchtern geprüft – ja eigentlich eine heimliche Anklage gegen Gott. Wir sollten uns das einmal bewusst machen. Es ist die verborgene, unausgesprochene Anfrage: »Gott, ich habe das doch eigentlich gar nicht verdient. Warum denn ausgerechnet ich? Wie kannst du mir denn das zumuten?«

Dieser fragende Vorwurf ist für viele ein Ventil, ein Beruhigungsmittel. Es macht den persönlichen Kummer erträglicher, indem es Gott herabmindert. Zugleich lässt es die eigene Beteiligung, die Schuld völlig außer Betracht. Es ist die Anklage gegen Gott, dass er es mit mir und meinem Leben eben doch nicht gut meint. Wir glauben, es immer besser zu wissen, wie Gott handeln muss, damit wir ihm großzügig das Ehrenprädikat »lieber Gott« verleihen können.

Das ist ein gewaltiger Trugschluss. Denn allzu oft haben wir doch in unserem Leben erfahren, dass sich Leidsituationen, die wir zunächst nicht verstanden haben, im Nachhinein als richtige Wegführungen Gottes herausgestellt haben. Da merken wir, dass manche dunkle Stunde, in der wir am liebsten die Faust zum Himmel geballt hätten, nur Stationen auf dem Weg zum Licht waren. Dass Gott uns auf geheimnisvollen Umwegen zu seinem guten Ziel geführt hat.

»Wozu« statt »Warum«

Viele Christen bekennen, dass ihnen gerade Leid und Not zum Segen in ihrem Leben geworden sind. Dr. Gerhard Bergmann (1914–1981), Schriftsteller, Theologe und Evangelist, berichtet von einer Begegnung mit einem Kriegsversehrten. Granatsplitter hatten ihm das Augenlicht genommen. Durch die Jahre des Leidens wurde aus dem ehemals vergrämten, harten Mann ein warmherziger, einladender Zeuge Jesu. »In meinem Blindsein bin ich schließlich mit Jesus Christus bekannt geworden. Heute danke ich Gott dafür, dass er mir das Augenlicht genommen hat, denn dadurch habe ich Christus sehen lernen dürfen.«

Der Essener Jugendpfarrer Wilhelm Busch erzählt von einem Bergarbeiter, der nur Spott für Gott übrig hatte. Ein Unfall machte ihn zum Querschnittsgelähmten. Im Rollstuhl kommt er in Buschs Bibelstunden und findet zum Glauben an Christus. Jahre später bekennt der leidgeprüfte Mann: »Herr Pfarrer, ich danke Gott, dass er mir die Wirbelsäule zerschlagen hat, damit ich zu seinem Sohn Jesus Christus finden konnte. Es ist besser, gelähmt zu Jesus zu gehören und ein Kind Gottes zu sein, als mit zwei gesunden Beinen in die Hölle zu laufen.«

Christian Morgenstern hat den Satz hinterlassen: »Es gibt für Unzählige nur ein Heilmittel – die Katastrophe.« Ob wir das fassen können? Leid und Tränen verursachende Schicksalsschläge sind kein Minuszeichen für unser Leben, sondern wollten oftmals ein Pluszeichen setzen. Der querschnittsgelähmte Bergarbeiter sagte: »Oft habe ich zu Gott geschrien: ›Warum hast du das zugelassen?!‹ Heute weiß ich, wozu es gut war. Die quälende Warum-Frage muss zum Wozu werden, um nicht an der Sinnlosigkeit des Leides zu verzweifeln.«

Der Dichter Stefan Andres schreibt: »Heute danke ich meinem Unglück, dass es mich durch zehn Jahre arm, unbekannt und einsam ließ und dadurch in die Nähe Gottes trieb.« Im Blick darauf, welche Lebensumstände uns zu Gott bringen können, meint ein jüdisches Sprichwort: »Krank gewesen sein ist schlimm; aber reich gewesen sein ist schlimmer.«

Markus Maggi wird mit nur 16 Jahren 1980 zum ersten Mal Schweizer Meister im Kunstradfahren. 1984 und 1985 folgt der Weltmeistertitel. Offen bekennt er sich zu seinem Glauben an Jesus Christus. Was ihm auf dem Weg dahin half? Auch das Leid über die Krebskrankheit einer befreundeten amerikanischen Sportlerin. Dieses Leid hat ihn nicht von Gott weg-, sondern zu ihm hingeführt. Offene Glaubensgespräche mit seinen Kameraden zeigen erstaunliche Früchte.

Die fünffache Schweizer Meisterin im Zweierkunstradfahren, Karin Barp, erzählt: »Durch die Gespräche mit Markus begann ich, mich etwas mit dem Glauben auseinanderzusetzen. Kurz darauf verspürte ich heftige Schmerzen in der Lendenwirbelgegend. Die Ärzte stellten Verschiebungen an den Rückenwirbeln fest. Ich musste eine ganze Woche ruhig im Bett liegen. Nun hatte ich zum ersten Mal Zeit, über Dinge nachzudenken, für die ich früher nie eine Minute übrig hatte. War an Gott und am Glauben vielleicht doch etwas dran? Wenn es diesen Gott gab, dann musste er auf alle Fälle ziemlich lieblos und hart sein, dass er mich durch diese Krankheit um meine Lieblingsbeschäftigung, den Sport, brachte. Ich konnte zu diesem Zeitpunkt mein Missgeschick nicht anders deuten, und so haderte ich zweieinhalb Monate mit Gott. Bis ich eines Tages auf den Gedanken kam, dass Gott mir diese Krankheit womöglich geschickt hatte, um mir Zeit zum Nachdenken zu geben. Ich fing an, in der Bibel zu lesen, und lernte so Gott kennen. Ich begriff, dass er nichts Böses mit mir vorhatte; er wollte mir nicht meinen Sport wegnehmen, sondern mich zu ihm führen. Von da an konnte ich Gott auch vertrauen. Dies war der Anfang meines Glaubens an Jesus Christus, aber auch der Beginn meiner Genesung.«

Ist das nicht eine geheimnisvolle Segenskette, in der plötzlich aus dem Leid Lebenshilfe werden kann? Ein Mensch findet Trost im Leid, indem er zu Gott findet. Und er kann andere trösten, die darüber den Schritt zum Glauben wagen. Paul Deitenbeck (1912–2000), der wohl bekannteste deutsche Gemeindepfarrer seiner Zeit, schrieb: »Nur wer aus erster Hand Trost empfangen hat, kann ihn auch an andere weitergeben. Die Sprüche aus der Trostschatulle helfen nicht.«

Zu den Opfern des Nationalsozialismus gehörte auch der junge sozialdemokratische Reichstagsabgeordnete Carlo Mierendorff. Viele Jahre litt er im KZ. Nach seiner

Entlassung sagte er zum Fürsten Fugger, mit dem er die Lagerhaft geteilt hatte: »Wissen Sie, als Atheist bin ich ins KZ gekommen; und nach dem, was ich dort erlebt habe, verließ ich es als gläubiger Christ.« Das alles ist nicht vom »grünen Tisch« geredet, sondern aus tiefster Lebenserfahrung!

Helmuth James Graf von Moltke, der Kopf der Widerstandsgruppe »Kreisauer Kreis«, schrieb 1942 seinem britischen Freund Lionel Curtis: »Vor dem Krieg war ich der Meinung, dass der Glaube an Gott nicht wesentlich sei ... Heute weiß ich, dass ich unrecht hatte, ganz und gar unrecht. Der Grad der Gefährdung und der Opferbereitschaft, der heute von uns verlangt wird und vielleicht morgen erst recht von uns verlangt wird, setzt mehr voraus als ethische Prinzipien.« Sein inzwischen 73-jähriger Sohn Helmuth Caspar von Moltke sagte bei der Vorstellung der Briefsammlung seines Vaters im Deutschen Literaturarchiv Marbach Ende März 2011, seine Eltern waren »eigentlich noch nicht einmal traditionelle Kirchgänger. Angesichts der Herausforderungen und des Todes jedoch haben sie etwas erlebt, das man nur als ›Erweckung‹ bezeichnen kann.« Um es klar zu sagen: Dieser nüchterne Jurist ist über den Schrecken der Nazibarbarei zum Glauben an Jesus Christus gekommen. Am 11. Januar 1945 wurde er zum Tode verurteilt, zwölf Tage später in Berlin-Plötzensee erhängt. Wenige Tage vorher schreibt er seiner Frau Freya zum Abschied: »Wir wollen immer daran denken: ›Leben wir, so leben wir dem Herrn; sterben wir, so sterben wir dem Herrn. Darum, wir leben oder sterben, so sind wir des Herrn.‹ Der Herr behüte dich und uns.« Darf ich diesen persönlichen Satz einmal in unseren Gedankengang einschieben? Ich möchte Sie, die Sie diese Zeilen lesen, ernsthaft fragen: Wollen wir es erst so weit kommen lassen, dass Gott in unserem Leben durch Leid auf sich aufmerksam machen muss? Oder sollten uns die Lebenszeugnisse nicht vielmehr wachrütteln, unser Leben jetzt ganz unter Gottes Führung zu stellen? Dietrich Bonhoeffer, ebenfalls ein Märtyrer des Dritten Reiches, schreibt: »Mitten im Leben muss Gott erkannt werden; im Leben und nicht erst im Sterben, in Gesundheit und Kraft und nicht erst im Leiden.«

Gott will uns nicht über die »Zwangsjacke Leid« zu sich rufen. Das Gute, das er uns in Glück und Gesundheit gewährt, sollte uns zur dankbaren Hinwendung zu Gott führen. Gottes Güte will uns zur Umkehr treiben (Römer 2,4). Aber auf dem Ohr scheinen wir taub zu sein. Wir glauben ja, in unseren starken Stunden Gott nicht nötig zu haben. Den allmächtigen Gott degradieren wir zum Lückenbüßer und Nothelfer, wenn wir nicht mehr weiterwissen. So kann man Gott aber nicht abspeisen. Folgende Anekdote stimmt nachdenklich: Eine Frau kommt in eine Buchhandlung. »Ich möchte ein schönes Buch für einen Kranken.« – »Bitte, möchten Sie vielleicht etwas Religiöses?« – »Nein, danke, es geht ihm schon ein wenig besser ...«

Ein Teppich namens Leben

Ein treffendes Beispiel hat sich mir tief eingeprägt. Es war die große niederländische Evangelistin Corrie ten Boom (1892–1983), die es uns in den 1970er-Jahren auf dem Ahldener Jugendtag erzählte, im heutigen Geistlichen Rüstzentrum Krelingen. Diese beeindruckende Frau hatte während der nationalsozialistischen Besetzung Hollands eine Untergrundorganisation gegründet, die zahlreiche Juden vor dem Holocaust rettete. Durch Buch und Film *Die Zuflucht* wurde ihr Schicksal in aller Welt bekannt. Ihre persönliche Zuflucht, von der sie noch als 90-Jährige vor Tausenden meist junger Leute berichtete, hatte einen Namen: Jesus Christus.

Ein Bild, ein Gleichnis, das ich nie vergessen werde: Unser Leben ist wie ein riesengroßer Teppich. An ihm wird ständig gewebt und gearbeitet. Farbe und Fäden werden zu einem Muster zusammengefügt. Jedoch ist das Problem, dass wir diesen Teppich nur von der Rückseite sehen. Und da sieht er hässlich aus. Die Farben passen oft nicht zusammen, das Muster scheint nicht zu stimmen und überall hängen Fäden heraus. Ein Teppich von der Rückseite: ein abstoßendes Bild. Keiner würde sich ein solches Exemplar in die Wohnung legen. Bis an unsere Todesgrenze sehen wir unseren Teppich nur von der Rückseite. Dann aber, im Licht der Ewigkeit, wird er umgekehrt sichtbar. Und plötzlich fällt es uns wie Schuppen von den Augen: Es ist ein farbenprächtiges, herrliches und sinnvolles Muster. Die Hässlichkeit der Rückseite mag uns noch so sehr verwirrt haben. Mit einem Mal haben wir ein sinnvolles Ganzes vor uns.

Am Ende unseres Lebens werden wir feststellen, dass selbst Trauer und Tränen, Leid und Not nur Umwege waren zu Gottes herrlichem Ziel. Wer von der quälenden Warum-Frage zur befreienden Wozu-Frage aufbricht, der betritt das Neuland der Verheißungen Gottes. Er darf gewiss sein, dass sich einmal alle verworrenen Fäden lösen. Dann werden sich die Straßen, die hier gesäumt waren von Kummer und Leid, als die geradesten und kürzesten Heimwege zu Gott erweisen. Gott kann auf krummen Linien gerade schreiben. Er sagt uns in seinem Wort: »Meine Gedanken sind nicht eure Gedanken, und eure Wege sind nicht meine Wege, spricht der Herr, sondern so viel der Himmel höher ist als die Erde, so sind auch meine Wege höher als eure Wege und meine Gedanken als eure Gedanken« (Jesaja 55,8-9).

Sein Plan ist perfekt

Sie sah blendend aus, war überall beliebt und als Malerin künstlerisch hochbegabt. Eine junge Frau, der die Welt offenstand, der menschlich gesehen Großes bevorstand. Tatsächlich groß wurde sie jedoch im Umgang mit furchtbaren Schmerzen, zahllosen Klinikaufenthalten und leidvollen Rückschlägen. Ihr Großvater hat Weltgeschichte geschrieben, als er 1990 das Ehepaar Erich und Margot Honecker in sein Haus aufnahm, als niemand von den früheren Genossen ihnen Obdach geben wollte. Ausgerechnet bei einem Pfarrer, bei Uwe Holmer, fand das Diktatorenpaar, das die Biografie Tausender Christen auf dem Gewissen hat, Asyl. So haben sie vielleicht erstmals in ihrem Leben Tischgebete gesprochen und das Losungswort aus der Bibel gehört. Ja, Gottes Gedanken sind höher als unsere, seine Wege ein Geheimnis. Holmers Enkelin Lydia hat nun ganz anders Geschichte geschrieben, mit einem ganz besonderen Leben – und Sterben.

Ihr ergreifendes Schicksal lese ich am 15. Februar 2012 im Nachrichtenmagazin *ideaSpektrum* als Titelgeschichte, kurz vor Beendigung dieses Manuskriptes. Chefredakteur Helmut Matthies schreibt in seinem Kommentar: »Jeden Tag sterben Tausende Christen in Deutschland. Warum bringt *ideaSpektrum* Lydia Holmer auf den Titel? Was hebt sie heraus? Ein Wunder ist in der Regel nicht, dass Christen von Krankheiten geheilt werden. Das passiert Nichtchristen auch. Ein Wunder aber ist, wenn – besonders junge – Christen während einer todbringenden Krankheit nicht nur an Gott festhalten, sondern ihn anderen so bezeugen, dass diese dann selbst Christen werden.« Auf der Trauerfeier bekannte mein Kollege Markus Spieker, Korrespondent im ARD-Hauptstadtstudio: »Lydia hat viele Menschen glücklich gemacht.«

Lydia Holmer erkrankte mit 23 Jahren an Knochenkrebs. Als Krankenschwester half sie Waisenkindern in einem Heim im mittelamerikanischen El Salvador, als sie die tragische Diagnose bekam. Weil sie einen großen Freundeskreis hatte und viele wissen wollten, wie es ihr ging, schrieb sie (oder ihr Vater Johannes Holmer, wenn sie nicht in der Lage dazu war) ein Tagebuch im Internet. Inzwischen wurde es über 600 000-mal angeklickt. *Idea*-Redakteur Matthias Pankau hat einige Passagen zusammengestellt:

Es war der 20. April 2007, als die Welt von Lydia binnen weniger Wochen auf die Größe eines sterilen Krankenzimmers in der Berliner Charité schrumpfte. Nur hier konnte ihr noch geholfen werden, denn ein Wuchergewebe schädigte den rechten Beckenknochen, griff die anderen Knochen massiv an und verursachte unerträgliche Schmerzen. Am 22. April notiert sie in ihr Internet-Tagebuch: »Menschlich und rein gesundheitlich sieht es im Moment ziemlich düster aus. Aber es ist nicht nur schlecht. Ich kann sehen, wie Gott gerade jetzt manche Herzen näher zu sich hinzieht. Ich weiß, dass sein Plan perfekt ist – auch wenn wir das Ganze manchmal nicht verstehen können. Danke Euch allen für alle Gebete.«

Fünf Jahre später, an ihrem Grab, bekennt der behandelnde Arzt, ein dezidierter Nichtchrist: »Sie war für uns wie ein Engel.« Eltern und Großeltern halten bewusst keine Trauer-, sondern eine Dankfeier im mecklenburgischen Serrahn. Ein schwedischer Freund meint: »Wir haben in Lydia Gott erkannt.« Eine Türkin, eine ehemals drogenabhängige Muslimin, die über dem Schicksal Lydias die Liebe von Jesus Christus erkannt hatte, schloss die Reihe der Erinnerungen mit den Worten: »Ich freue mich, sie im Himmel wiederzutreffen.« Dort, wo Lydia endgültig die Vorderseite ihres »Lebens-Teppichs« betrachten darf.

Zwischen der Heimsuchung durch Krebs und dem Heimgang zu Gott lagen Jahre des Auf und Ab. Nach der Diagnose begannen die Ärzte mit einer Chemotherapie. Lydias Vater schreibt im Mai 2007 ins Tagebuch: »Sie trägt ihre neue ›Frisur‹ mit Würde. Es ist sicher für ein Mädchen besonders schwer, sich von der äußeren Pracht zu verabschieden. Trotz allem sind bisher die Freude und der Friede weder aus ihrem Herzen noch aus ihrem Gesicht gewichen.« Im Juni berichtet er von Schmerzschüben, »in denen die Schmerzen irgendwo im Bereich der Knochen plötzlich unerträglich stark werden und erst durch den Einsatz von starken Dosen Morphium einzudämmen sind. Heute war es so. Wie gut, dass es solche Medikamente gibt. Auch dafür dürfen wir Gott dankbar sein.«

Im August wieder eine Operation, wieder wochenlange Schmerzschübe. Am 28. April 2008 notiert Lydia dankbar und voller Hoffnung: »Es kamen die Berichte vom Krankenhaus, in denen als Ergebnis deutlich stand, dass nach der Chemo absolut keine neuen Tumorzellen sichtbar sind. Oh, wie bin ich Gott dankbar für die Heilung bis hierher, dass er mir eine neue Möglichkeit zu leben schenkt.« Am 15. Oktober 2008 heißt es: »Wie Hiob komme ich mir vor. Er hat in seinem Leben viel verloren und es später in noch größerem Segen wiederbekommen. Ich darf erleben, wie ich immer mehr Energie und Muskeln zurückbekomme. Ich werde mich bemühen, jeden Tag in der Gegenwart Jesu zu leben, um ein Leben voller Abenteuer zu genießen.«

Dann ein weiterer Schock: Die Ärzte entdecken Schatten auf der Lunge. Wieder die Tortur der Chemotherapie. Am 27. Mai 2009 schreibt der Vater: »Es ist in der Tat ein Wunder, dass sie ihren 26. Geburtstag erleben kann. Wenn man bedenkt, dass sie am 24. Geburtstag nur wenig Chancen hatte, den Krebs zu überleben. Die Zukunft liegt in Gottes Hand. Die Metastasen machen nicht gerade Mut.« Am 23. Oktober 2009 meldet sich Lydia: »Ich sah diesen wunderschönen Sonnenuntergang. Ein kleines bisschen später einen Regenbogen. Inmitten von allem realisiere ich, dass dieser Regenbogen eine Antwort Gottes auf meine Gebete war. Gott ließ mich wissen, dass er mir die ganze Zeit treu gewesen war und es auch immer sein würde – und dass er sein Versprechen halten würde, das er in der Bibel gegeben hat.«

Im Herbst 2010 kann sich Lydia einen großen Traum erfüllen: Mit ihrem Vater besucht sie Freunde in den USA.

Doch der Krebs frisst sich weiter in ihren geschwächten Körper, sie hat Chemoblasen an den Füßen, die gesamte Haut ist befallen, sie kann nicht mehr sitzen. Dennoch schreibt ihr Vater am 1. Januar 2011: »Das Gute und wirklich Ermutigende ist, dass sie nach wie vor nicht verzagt, sondern irgendwie weiterhin fröhlich ihr Leben und ihren Glauben lebt.«

Am 18. März 2011 schreibt Lydia zum letzten Mal selbst im Internet: »Meine lieben Freunde, es ist wirklich schwer zu beschreiben: Mein Körper verliert nach und nach an Funktionen, aber mein Herz ist voller Hoffnung. ›Bei Gott allein kommt meine Seele zur Ruhe, denn von ihm kommt meine Hoffnung‹ (Psalm 62,6). Bisher konnte man noch meinen, dass ich Hoffnung habe, weil ich optimistisch bin und denke, dass die Medizin ja heute so große Fortschritte macht und mir helfen kann. Doch ich habe Jesus einmal mein Leben anvertraut, darum brauche ich mich daran nicht zu klammern. Ich denke, menschlich gesehen würde ich damit auch die Realität ausblenden. Denn ich bin todkrank! Meine Perspektive ist aber die eines Menschen, der weiß, dass Jesus hier und jetzt da ist. Er tut Wunder.«

Weiter schreibt sie: »Es geht jedoch um weit mehr als darum, mich auf diesem Planeten zu behalten. Ich werde eines Tages sterben wie jeder von uns. Doch ich habe die Gewissheit, dass ich eine viel schönere ›Welt‹ erleben werde. Dass diese Hoffnung in mir lebt, bedeutet ja aber nicht, dass mir der ›Zerfall‹ meines Körpers erspart bleibt oder nichts ausmachen würde. Erst gestern schrie ich zu Dir, Jesus, als mir sehr übel war und die Schmerzen kaum zu ertragen waren – und Du hast mein Gebet erhört. Es war, als wenn ich von Dir durch die nächtlichen Stunden getragen würde. Warum fällt es mir oft so spät ein, dass ich Jesus ›im Herzen‹ habe, der nur darauf wartet, gefragt zu werden? Sich aufzudrängen ist nicht seine Art. Ich wünsche Euch und mir, dass wir Tag für Tag mehr lernen, uns in unserem Leben auf Jesus zu stützen. Dann haben wir eine Hoffnung, die über den Tod hinausgeht. Lasst uns die Ewigkeit nicht ausblenden!« Das Testament einer 28-jährigen Christin im Todeskampf!

In der Nacht vom 31. Januar auf den 1. Februar 2012 stirbt Lydia Holmer. »Noch in der Nacht haben wir an ihrem Bett gestanden und mit ihr und für sie gebetet. Sie hat danach immer ruhiger und relativ tief geatmet«, schreibt der Vater. »Viele von Euch haben lange mit dafür gebetet, dass unser Herr ein Wunder tut. Er hat viele getan, wenngleich er das Wunder der körperlichen Heilung nicht wollte. Aber nun habt ihr mit dafür gebetet, dass sie einfach in Frieden sterben kann. Und das hat Gott nun auch so geschehen lassen.«

Ja, Gott erhört nicht alle unsere Gebete (auch meine für Lydia nicht), aber er hält alle seine Verheißungen. »Manchmal ist ihm das Verwunden wichtiger als das Wunder« (Pastor Paul Deitenbeck, der seine zweijährige Tochter verlor). Wie sagte der Charité-Arzt, ein Nichtchrist: »Sie war für uns wie ein Engel.« Vielleicht mit der tröstenden Weihnachtsbotschaft: »Fürchtet euch nicht!« So bleibt uns die quälende Warum-Frage erspart, wenn wir Gottes »Wozu« erkennen: »Ich weiß, dass Sein Plan perfekt ist« (Lydia Holmer).

Auf das Ende kommt es an

Die Frage nach dem Wozu weist den Blick immer in die Zukunft. Das Warum lässt hart und bitter werden, lebensmüde und depressiv. Die anklagende Frage »Herr, warum?« führt zu namenloser Qual. Wenn ich aber frage: »Wozu, Herr?«, blicke ich nach vorn, weg von meiner Situation. Ich frage nicht mehr: »Herr, warum lässt du das zu?«, sondern: »Was hast du damit vor?«

Wer nur noch nach dem Warum fragt, der gerät in Schwermut, Depression und Resignation. Er frisst alles in sich hinein. Viele geraten so in die Nähe des Selbstmordes. Da zerbricht einem der Lebenswille. So war es bei Nationaltorwart Robert Enke, der sich am 10. November 2009 nahe Hannover vor einen Zug warf, wenige Hundert Meter vom Grab seiner kleinen Tochter entfernt, die mit nur zwei Jahren an einem Herzfehler gestorben war. Enkes Frau Teresa berichtete am Folgetag in einer bewegenden Pressekonferenz, die live im Fernsehen übertragen wurde, von den schweren Depressionen ihres Mannes. Kurz vor seinem Tod hatte der sensible Fußballer gegenüber *Bild* gesagt: »Ich habe sehr viel mitgemacht, beruflich und privat. Ich weiß nicht, ob jemand das Leben lenkt. Aber so viel weiß ich: Man kann es nicht ändern.«

»Wie kann Gott das zulassen, dass ein Mensch so verzweifelt und keinen anderen Ausweg mehr weiß?«, fragte die damalige Landesbischöfin Margot Käßmann in einer spontanen Trauerandacht, die Millionen an den

TV-Bildschirmen verfolgten. »Gott will nicht Leid über Menschen bringen, sondern sehnt sich danach, dass wir das Leben in Fülle haben. Unser Herz erschrickt, weil wir an diesem entsetzlichen Tod von Robert Enke erkennen: Unser Leben ist zutiefst zerbrechlich und gefährdet. Hinter Glück, Erfolg und Beliebtheit können abgrundtiefe Einsamkeit und Verzweiflung liegen, die Menschen an ihre Grenzen führen.« Und sie erinnerte die weinenden Fans an das Lied, das bei den Spielen von Hannover 96 gesungen wird und den härtesten Fußballfans das Herz erweicht – und für unser Thema geradezu programmatisch ist: »You'll never walk alone – Du wirst nie alleine gehen.«

Allein geht man ein. Psychologen sprechen von der »egozentrischen Struktur« des Menschen. Ich sehe nur noch mich, denke nur noch an mein hartes Schicksal und lasse alle quälenden Fragen nur noch um mich kreisen. So ist man weder offen für Auswege noch für mögliche Sinnesdeutungen des Leides.

»Wer so denkt, bereitet sich selbst die Hölle auf Erden. Hölle ist die Reduktion des Menschen auf sich selbst« (Heinrich Kemner, 1903–1993). Hölle: nur noch ich, sonst nichts mehr. Für Gott ist da kein Platz. Höchstens in der Anklage des »Warum?«. Wer aber nach dem Wozu fragt, der behält Gott im Blick. Und diese Blickrichtung dürfen wir nicht verlieren, sonst bringen wir uns selbst um.

Die pausenlose Frage nach dem Warum lässt das eigene Leid permanent im Mittelpunkt stehen. Man hat keinen Blick mehr für andere. Denn oft stellt sich ja auch das eigene Leid im Vergleich zu dem anderer Menschen als unvergleichlich geringer heraus. »Ich war ärgerlich, weil ich keine Schuhe anhatte; da traf ich einen, der ohne Füße war«, sagt eine alte chinesische Weisheit. Und aus Afrika ist überliefert: »Du weißt nicht, wie schwer die Last ist, die du nicht trägst.«

»Wozu, Herr, geschieht das jetzt?« – wer so fragt, der sieht weg von sich selbst und erkennt über sich »Wolken, Luft und Winde«; er weiß, dass der, der ihnen »Wege, Lauf und Bahn« gegeben hat, »der wird auch Wege finden, da dein Fuß gehen kann« (Paul Gerhardt, 1607–1676). Denn dieser Gott vergisst mich nicht. Und ich darf ihn auch nicht vergessen. Wo wir für Gott keinen Platz mehr haben, da bereiten wir uns die Hölle auf Erden. »Hölle ist da, wo Gott nicht mehr hinsieht« (Fjodor Dostojewski, 1821–1881).

Ein befreundeter Pfarrer erzählt mir von einem Hausbesuch bei einer alten Dame. Wenn es nicht bittere Realität wäre, man müsste die Geschichte für Kitsch halten: Diese einsame, ergraute Frau trägt ein elendes Schicksal. Von Männern wurde sie ausgenutzt, betrogen und verlassen. Ihr einziger Sohn kriminell, wegen Drogendelikten im Gefängnis. Sie selber schwer krank und verarmt. Das ganze Leben voller Pech, Unglück und Leid. Doch ihre Augen strahlen: »Gott hat mich nie verlassen. Er ist der Einzige, der immer da war.« Was für eine Perspektive! Sie weiß es, weil sie es erlebt hat. Über dieser Gewissheit kam ihre Warum-Frage zur Ruhe.

Nach dem Wozu fragen heißt: nach vorne denken. In die Zukunft schauen, denn Gott ist ein Gott der Ziele.

Das heißt auch, vom bloßen Augenblick wegsehen auf die langen Wege Gottes. Gott möchte, dass wir auf das Ende blicken: »Es ist das Ende gut« (Gerhard Tersteegen, 1697–1769). Daran kann man sich aufrichten, danach kann man sich ausrichten, darin kann man sich einrichten: »Unsere Heimat ist im Himmel« (Philipper 3,20). Das ist weder fromme Jenseitsvertröstung noch weltfremde Romantik. Woran wollen wir uns denn in all dem Elend dieser Welt und dem Leid unseres Lebens anders klammern als an die tröstliche Verheißung unseres Gottes: »Siehe, ich mache alles neu!« (Offenbarung 21,5)?

Papst Benedikt XVI. hat in intellektueller Brillanz entfaltet, wie entscheidend es ist, die Perspektive des Jüngsten Gerichtes nicht aus den Augen zu verlieren. Das ist kein Kinderschreck, keine antiquierte Höllendrohung, sondern die einzige Möglichkeit, offensichtliches Unrecht bis zum Lebensende ungesühnt zu ertragen. Wenn ich weiß, dass nicht das Böse, nicht die Willkür der Mächtigen oder das Mobbing meiner Umwelt das letzte Wort haben, sondern der ewige Gott es sprechen wird, muss ich an der Ungerechtigkeit nicht verzweifeln. Gott wird die Rücksichtslosen zur Rechenschaft ziehen, an seinem Gericht kommt niemand vorbei, auch wenn er der irdischen Gerechtigkeit entkommen konnte. Jesus Christus verspricht: »Wer mein Wort hört und glaubt dem, der mich gesandt hat, der hat das ewige Leben und kommt nicht in das Gericht, sondern er ist aus dem Tod in das Leben übergegangen« (Johannes 5,24). Und für die anderen gilt logischerweise das Gegenteil. Für viele der einzige Trost, dass ihr unsägliches Leid doch einmal gesühnt werden wird.

Der agnostische jüdische Philosoph Max Horkheimer (1895–1973), einer der Köpfe der neomarxistischen Frankfurter Schule, sprach immer von »dem ganz Anderen«, von dem er ein Eingreifen erhoffte, »dass der Mörder nicht über das unschuldige Opfer triumphieren möge.« Am Ende seines Lebens gestand er ein, dass es wohl Gott sein müsse und so etwas wie ein Jüngstes Gericht. Sein Schüler Jürgen Habermas war sich in einer Disputation mit dem damaligen Kardinal Josef Ratzinger einig, dass »Christen über Ressourcen verfügen, ohne die unsere Gesellschaft nicht auskommt.« Und das größte Kapital der Christen heißt Hoffnung. Habermas gesteht die hilflose Armut einer Welt ohne Gott: »Angesichts von Schuld, von Einsamkeit, von Leid und von Tod ist die Lage des Menschen prinzipiell trostlos.« Diese Trostlosigkeit schreit nach Hoffnung, die kein Prinzip ist (Ernst Bloch), sondern Person.

Der Blick nach vorn ist für die Überwindung und das Erdulden von Leidsituationen unverzichtbar. Der Wiener Psychotherapeut Viktor E. Frankl sagte: »Es war nicht zuletzt die Lehre, die ich von Auschwitz und Dachau mit nach Hause nehmen konnte: dass diejenigen noch am ehesten fähig waren, sogar in solchen Grenzsituationen zu überleben, die ausgerichtet waren auf die Zukunft, auf eine Aufgabe, die auf sie wartete, auf einen Sinn, den sie erfüllen wollten. Und amerikanische Psychiater haben dies später in japanischen und nordkoreanischen Kriegsgefangenenlagern bestätigen können.«

Professor Helmut Thielicke sagte in seinen berühmten Stuttgarter Predigten während der Bombennächte des Zweiten Weltkrieges: »Alles ist voller Ziele und Verheißungen. Die Luft ist erfüllt von der Frage Gottes, ob wir bereit sind, auf ihn einzugehen und anzufangen mit dem, was er mit uns vorhat. Gott hat eine Zukunft für uns, und seine letzten Trümpfe sind noch gar nicht ausgespielt.«

Ein 86-jähriger Geschäftsmann mit Arthritis im schlimmsten Stadium kann weder schmerzfrei sitzen noch stehen oder liegen. Seit Jahren. Furchtbar! Die Hand kann er mir nicht geben. Aber seine Augen leuchten, als er mir voll Gewissheit sagt: »Die Zukunft meines Glaubens wiegt meine Fragen und Tränen der Gegenwart tausendfach auf.« Das ist alles andere als billige Jenseitsvertröstung. Das ist begründete Hoffnung auf eine lebendige Zukunft! Der leidgeprüfte und -erfahrene Friedrich von Bodelschwingh konnte sagen: »Lasst euer Leid zur Welle werden, die euch an das Ufer der ewigen Heimat trägt.«

Dr. Gerhard Bergmann wurde nicht müde, in seinen viel beachteten Vorträgen zu betonen: »Leid ist keine Strafe Gottes, sondern möchte zum Heil führen. Es ist eine Einladung hin zu Gott und in seinen Frieden.«

Die neue Perspektive

Und dennoch bleibt die Frage für viele bewusste Christen, warum gerade ihnen so viel Leid aufgebürdet wird. Da gibt es so manche, die in der entschiedenen Nachfolge Jesu leben und eine einzige Leidensgeschichte haben. Deshalb müssen wir grundsätzlich festhalten: Christen haben keine Leidverhinderungsversicherung abgeschlossen. Es gibt für sie keine besondere Unrechts- und Unfallversicherung.

Der christliche Glaube ist keine schwärmerische Gefühlsreligion. Es geht bei Christen nicht nach dem Motto: Es muss uns immer gut gehen. Alle Tage Sonnenschein und himmelhoch jauchzend! Im Gegenteil. Christen sind oft zu Tode betrübt, ihnen widerfährt vielleicht vieles, was anderen erspart bleibt. Es geht eher durch tiefe Täler als auf Höhenwege, denn erst im Dunkeln erweist sich die Kraft des Lichtes: »Und ob ich schon wanderte im finstern Tal, fürchte ich kein Unglück; denn du bist bei mir ...« (Psalm 23). Und dieses »du« ist der, der von sich sagt: »Ich bin das Licht der Welt« (Johannes 8,12). Die Bibel ist doch voll von solchen Leidensgeschichten, sie ist alles andere als ein Heldenepos. Gerade das macht Gottes Wort glaubwürdig.

Da wird nichts verschwiegen und ausgespart, für jeden Schmerz des Leibes und der Seele finden sich dramatische Beispiele: der Tod eines Kindes, der Verrat durch beste Freunde, quälende Einsamkeit, Verfolgung, Verbannung Vernichtung, Untreue und Undankbarkeit. Und immer wieder das Elend der Gerechten und das Glück der Gottlosen. Wäre die Bibel ein Märchenbuch, sie wäre anders geschrieben. Wäre sie Menschenwerk, wer käme auf die Idee, eine »Werbeschrift für den Glauben« so dramatisch zu schreiben, so tragisch zu erzählen?! Dazu die Pleiten und Pannen im Glauben derer, die zu Gott gehören wollen und immer wieder versagen – bis hin zu Mord und Totschlag, Ehebruch und Kleptomanie. Das alles macht die Bibel für mich erst recht glaubwürdig und unterscheidet sie grundlegend von den Grundurkunden anderer Religionen. Kein Buch der Welt macht Gott so groß, ohne den Menschen kleinzumachen. Ohne ihn jedoch zu heroisieren, sondern seine Schwächen, Fehler und Verzweiflung darin offen zu benennen. Die Fehler der Heiligen trösten mich mehr als ihre Heldentaten.

Der Schritt zu Jesus heißt ja, sein Kreuz auf sich zu nehmen. Gott macht uns nichts vor. Die Bibel ist kein Zauberbuch mit der werbewirksamen Versprechung: »Komm zu Jesus und alles wird gut und alle Probleme sind wie weggewischt.« Wer vom Schritt zum Glauben Leidensfreiheit erwartet, wird enttäuscht werden und sollte es lieber lassen. Christen sind in der Sprache der Bibel »selig«. Und ihnen wird verheißen: »Selig sind, die da Leid tragen; denn sie sollen getröstet werden« (Matthäus 5,4). Die Anklage Gottes im Leid dieser Welt wird meist von denen erhoben, die vom biblisch begründeten Christenglauben völlig falsche Informationen haben – die es jedoch schwarz auf weiß für jeden zu lesen gibt. Und von jenen, die Gott ohnehin ablehnen. Beides ist intellektuell unredlich, auch wenn es im persönlichen Leid die Existenz betrifft.

Ich werde nie die junge Familie vergessen, die ich einmal im Urlaub kennenlernte. Das Ehepaar ist in der Freizeit- und Jugendarbeit stark engagiert. Ihr Haus ist offen für Gruppen und Kreise. Nur ihr sehnlichster Wunsch scheint nicht in Erfüllung zu gehen: ein Kind. Sie flehen zu Gott. Erst nach sieben Ehejahren meldet sich Nachwuchs an. Welch eine Freude! Alle in der Gemeinde hoffen, beten und bangen. Denn es scheint eine schwere Geburt zu werden.

Als das Kind zur Welt kommt, ein Junge, steht fest: Es ist spastisch gelähmt. Das einzige Kind, Jahre hindurch ersehnt, von Gott erfleht, von einer tiefgläubigen Mutter geboren – ein Leben lang körperlich behindert. Und jetzt treffe ich das Ehepaar mit ihrem inzwischen schulpflichtigen Sohn am Meer. Der Junge muss im Kinderwagen zum Strand geschoben werden. Wo andere Gleichaltrige fröhlich in Sand und Wellen herumtollen, muss er sich ungelenk abquälen. Stets benötigt er die Hilfe seiner Eltern.

Als wir uns nach einigen Tagen besser kennen, wage ich die offene Frage: »Ihr seid Christen. Ihr habt Zeit, Kraft und Geld für Gott investiert. Und nun ist das einzige Kind, das ihr bekommen könnt, ausgerechnet behindert. Habt ihr euch da nicht gefragt, warum Gott das so zugelassen hat? Warum gerade ihr dieses Leid erfahren müsst? Es gibt Familien, die bewusst ohne Gott leben und eine Reihe kerngesunder Kinder haben. Und ihr … Verzweifelt man da nicht an seinem Glauben?«

Heute noch habe ich die Antwort der Mutter im Ohr. Sie hat mich tief bewegt. »Weißt du, wir haben anfangs viel geweint. Wir haben an Gott gezweifelt. Unser fröhlicher Glaubensmut war dahin. Aber dann haben wir in der Therapie, im Krankenhaus, im Kindergarten und jetzt in der Schule andere Eltern mit behinderten Kindern gesehen. Wir haben erlebt, wie sie abgeschoben werden; wie ihre gesunden Geschwister ihnen vorgezogen werden; wie sie für ihre Eltern eine Last sind, die sie am liebsten abschütteln würden. Ja, im Blick auf die Abtreibungsdiskussion hören wir, wie leichtfertig man oft mit diesen unerwünschten Kindern umgeht nach dem Motto: Mit der Präimplantationsdiagnostik (PID) wäre uns das erspart geblieben. Dabei ist doch jedes Kind ein Geschenk Gottes! Als wir das alles sahen, sagten wir uns: Wir danken Gott, dass dieser Junge in unsere Familie geboren wurde. Dass wir ihn lieben können und nicht abschieben. Dass er uns willkommen ist und unsere ganze Fürsorge hat. Wir danken Gott, dass er uns diese Last aufgeladen hat, denn er gibt uns auch die Kraft, sie zu tragen. Was andere nur als lästige Mühsal empfinden, dürfen wir im Glauben akzeptieren.«

Den jungen Eltern wurde dieser Blickwechsel geschenkt, diese neue Perspektive: dass sie als Christen ja über eine Kraftquelle verfügen, die Leid tragen hilft. Dass kein blindes Schicksal ihnen ein krankes Kind bescherte, sondern dass Gott ihnen diesen Jungen anvertraut hat. Hier begegnete mir erstmals diese völlig andere Sicht des Leides – keine Theorie, sondern erlebte und erlittene

Praxis. Wie Christen durch diesen Blickwechsel Leid nicht nur als Last, sondern geradezu als Geschenk empfinden können. Für diese Eltern war klar: »Wir wünschen unserem behinderten Jungen keine andere Familie als die unsrige.«

Als ich Nick Vujicic das erste Mal sah, musste ich wegschauen; eine Mischung aus Entsetzen, Peinlichkeit und Verblüffung. Da sitzt ein junger Mann wie der Rumpf einer Puppe auf einem Tisch, ohne Arme und ohne Beine. Aber dieser athletische Mann nimmt einem jede Scheu und Scham, denn er strahlt wie 1000 Watt. Der damals 29-Jährige ist kein Jammerlappen, sondern Motivationstrainer. Er versinkt nicht im Selbstmitleid, er gibt anderen Hoffnung. Er macht keine Anklageerhebung gegen Gott, sondern eine Werbetour für Christus. Inzwischen hat er vor drei Millionen Menschen in 25 Ländern gesprochen. Am 12. Februar 2012 hat der Sohn serbischer Einwanderer in Los Angeles eine gebürtige Mexikanerin geheiratet.

Das war mal alles ganz anders, als er als Achtjähriger an Selbstmord dachte und mit zehn versuchte, sich das Leben zu nehmen. »Wenn mein Leben nur daraus besteht, anderen zur Last zu fallen oder gehänselt zu werden, dann hat es keinen Sinn«, schreibt er in seinem Buch, das zum Bestseller wurde. Fernsehen, Zeitschriften und Magazine berichten über den Mann, der einst Gott für sein Schicksal anklagte, heute jedoch von Frieden und Hoffnung spricht und vor nichts zurückschreckt. Er surft, taucht, spielt Fußball, »nur eben etwas langsamer«. Mit Ausstrahlung und Humor beweist er, dass das eigene Leid auch zum Sprungbrett des Lebens werden kann.

Nick Vujicic suchte lange nach einer rationalen Erklärung für sein schweres Schicksal und merkt nicht nur, dass es keine Erklärung gibt, sondern dass sie ihm auch gar nicht helfen würde. »Ich brauche Frieden – mehr als Arme und Beine«, ist sein Wunsch, und er findet eine ganz neue Perspektive durch eine Geschichte des Neuen Testamentes (Johannes 9). Da ist von einem Mann die Rede, von Geburt an blind und für immer aufs Betteln angewiesen. Die Jünger wollen von Jesus nun wissen, was und wer schuld an der Blindheit ist: der Mann selbst oder seine Eltern durch ihre Sünde. Die Reaktion von Jesus Christus wird zu Nicks ganz persönlicher Antwort: »Es hat weder dieser gesündigt noch seine Eltern, sondern es sollen die Werke Gottes offenbar werden an ihm« (Johannes 9,3).

Dieser Vers macht Mut und verändert Nicks Leben total. »Es gibt also einen höheren Grund, warum ich so bin, wie ich bin. Auch wenn ich es logisch nicht begreife: Gott hat mit mir etwas vor.« Nick wuchsen keine Arme und Beine, als er zum Glauben an Jesus Christus kam. Doch er bekam etwas viel Wertvolleres geschenkt: Hoffnung. Er findet Halt in einem Glauben, der durch die Zusage Gottes Hand und Fuß hat: »Denn ich bin überzeugt, dass dieser Zeit Leiden nicht ins Gewicht fallen gegenüber der Herrlichkeit, die an uns offenbart werden soll« (Römer 8,18). Nick bekommt nach diesem Blickwechsel eine neue Sichtweise. Auch wenn ich auf vieles verzichten muss: Mein Leben ist es wert, gelebt zu werden. Auch im Leid.

Heil(and) im Unheil

Gott mutet uns nur das zu, wovon er annimmt, dass wir es tragen können. »Gott legt uns eine Last auf, aber er hilft uns auch« (Psalm 68,20). Der jüdische Talmud sagt drastisch, aber korrekt: »Je nachdem, wie stark das Kamel ist, so schwer ist seine Last.« – »Der Christ wird zum Lastenträger. So wird das Leiden zum Kennzeichen der Nachfolge Christi« (Dietrich Bonhoeffer).

Gott packt uns nicht in Watte, aber er erhält uns im Glauben. Jesus kam nicht, uns zu verwöhnen, sondern uns zu versöhnen. Und er, der Versöhner, tritt mit einer Kraft in unser Leben, dass wir auch Leid und Tränen tragen können. Jesus will keine Genießer. Er will Genossen. Weggenossen, die in seiner Nachfolge mitgehen. Und die Nachfolge Jesu ist ein Weg des Leides. Aber am Ende steht der Sieg. Thomas von Kempen (um 1380–1471) hat in seinem berühmten Werk *Von der Nachfolge Christi* den Satz hinterlassen: »Trägst du dein Kreuz willig, so wird es dich tragen und dich dahin führen, wo alles Leid ein Ende hat.«

Wir dürfen wissen: Dieser Jesus vergisst uns nicht. Der Heiland schenkt Heil im Unheil. Er ist gerade dann bei uns, wenn unsere Not am größten ist. Er ist da, um zu trösten. Denn das heißt ja Trost im Sinne der Bibel: Gegenwart Gottes im Leid. Dass wir am Leid nicht vorbeikommen, aber Jesus auf jeden Fall hineinkommt. Dass Jesus es bei uns aushält, auch und gerade, wenn es nicht mehr zum Aushalten ist. Dass er uns nicht im Stich lässt.

Ich kann nie tiefer fallen als in Gottes Hand (Psalm 63,9). Es ist für mich ein »merk-würdiges« Geheimnis: Je größer das Leid ist, desto näher ist mir die schützende und bergende Hand Gottes. Denn wenn ich nicht tiefer fallen kann als in Gottes Hand, so ist es geradezu mathematisch richtig: Je tiefer, desto näher. So sehr einem dies gegen das Empfinden geht, logisch ist es. Unser Leid ist nicht die Situation unseres Lebens, wo Gott am weitesten von uns entfernt ist, uns gar verlassen hat. Im Gegenteil: Es ist der Augenblick, wo er uns ganz besonders nahe ist.

Das Heil Gottes ist auch im Unheil der Welt noch gegenwärtig, weil der Heiland, »mein Erlöser lebt« (Hiob 19,25). So nennt Romaeus Leuven seine Biografie über Edith Stein *Heil im Unheil*. Die Karmeliter-Nonne und Märtyrerin ist am 9. August 1942 in den Gaskammern von Auschwitz umgebracht worden. Sie schrieb aus dem Konzentrationslager Zeilen voller Zuversicht: »Was nicht in meinem Plan lag, das hat in Gottes Plan gelegen. Es muss so sein, dass wir uns ohne jede Sicherung in Gottes Hände legen – umso tiefer ist dann die Geborgenheit. Gott weiß, was er mit mir vorhat, ich brauche mich darum nicht zu sorgen.« »Fürchte dich nicht, glaube nur! Alles ist möglich dem, der da glaubt!« (Markus 5,36 und 9,23)

Jesus ist immer noch größer

»Vielleicht heißt leiden nichts anderes, als ein tieferes inneres Leben zu führen«, las ich einmal. Ein Leben, das ganz dicht an der Nähe Gottes ist. Ein Leben, das in besonderer Weise um die menschliche Ohnmacht, aber auch um die Allmacht Gottes weiß. Wo der Sinn des Leides vielleicht ein dunkles Geheimnis bleibt, jedoch Gottes Barmherzigkeit und Friede besonders hell offenbart werden. Am Grab der Bombenopfer von Bethel meinte Friedrich von Bodelschwingh: »Gottes dunkles Geheimnis ist mit uns. Gottes Barmherzigkeit leuchtet über uns. In Gottes Frieden bergen wir uns. Fürchte dich nicht – glaube nur!«

Gerade da, wo Leid und Last übermäßig groß erscheinen, dürfen wir uns der Allmacht Gottes vergewissern. Bei einem der großen Aidlinger Pfingsttreffen ging mir diese Tatsache förmlich durch Mark und Bein. Als nämlich über 8000 Jugendliche das froh machende Lied von Gerhard Schnitter sangen: »Wellen des Leides fesseln meinen Blick, verdunkeln und lähmen, ziehen mich zurück, Leid durch Entbehrung, Hoffnungslosigkeit, durch Bosheit, durch Gräber und durch Krankheitszeit. Aber der Herr ist immer noch größer, größer, als ich denken kann. Er hat das ganze Weltall erschaffen. Alles ist ihm untertan.« Das hat sich mir ins Herz gesungen und war mir in vielen Lebenslagen echte Hilfe. Dieses trotzig-frohe »Aber!«.

Dietrich Bonhoeffer schreibt:

In mir ist es finster,
aber bei dir ist das Licht.
Ich bin einsam,
aber du verlässt mich nicht.
Ich bin kleinmütig,
aber bei dir ist die Hilfe.
Ich bin unruhig,
aber bei dir ist der Friede.
In mir ist Bitterkeit,
aber bei dir ist die Geduld.
Ich verstehe deine Wege nicht,
aber du weißt den Weg für mich.

Wenn wir uns an Gott halten, so lassen wir die Ewigkeit über dem Leid unserer Zeit mächtig werden. Und da werden die Proportionen zurechtgerückt, sodass unser Leid in einem neuen Licht erscheinen darf:

Ewigkeit, in die Zeit leuchte hell hinein,
dass uns werde klein das Kleine
und das Große groß erscheine,
sel'ge Ewigkeit.

Das Hineinleuchten der Ewigkeit in unsere Leidenszeit ist nicht dazu da, unserem Leben einen Hauch von Sentimentalität und Glücksgefühl zu verleihen. Es geht um die tröstliche Gewissheit: Jesus ist immer noch größer!

Das Leid wird nicht verniedlicht, verharmlost oder kaschiert. Es wird auch nicht automatisch weggenommen. Gott garantiert uns keine Leidensfreiheit, aber er hilft uns tragen, durchstehen und überwinden. »Gott ist ein Gott des Tragens« (Bonhoeffer), kein brutaler Sadist. Gott holt uns vielleicht nicht aus dem Leid heraus, aber er kommt auf jeden Fall in unser Leid hinein.

Also tröstet er doch

Das zentrale und mich bewegende Bild biblischen Trostes steht bei Jesaja (66,13), wo Gott spricht: »Ich will euch trösten, wie einen seine Mutter tröstet.« Gott erinnert uns an unsere Mutter. Hat sie nicht ihr Leben gewagt, um uns das Leben zu schenken? War nicht ihr Schoß der Zufluchtsort für uns ängstliche und weinende Kinder? War sie nicht immer für uns da? Hatte sie nicht immer ein gutes, helfendes und tröstendes Wort? War es nicht ihre Hand, die Abend für Abend über unser Haupt strich; und ihre Gebete, die uns ins Leben hinausbegleiteten? Gott vergleicht sich mit der aufopfernden Liebe einer tröstenden Mutter. Welch ein Bild!

Wie viel ist es wert, sich ganz einfach einmal fallen zu lassen! Sich in die Liebe Gottes hineinfallen zu lassen wie in die Arme eines lieben Menschen. Hier findet man Geborgenheit statt Verlassenheit, Gemeinschaft mit Gott statt Einsamkeit mit sich selbst. Ich muss vor Gott nicht den starken Mann markieren, der ich ohnehin nicht bin. Wir leben ja weithin nach der Devise, dass nur Gesundheit, Leistungskraft, Stärke und Vitalität zählen. Krafttypen, Selbstbewusste und Erfolgsmenschen sind gefragt. Deshalb versucht man, Krankheit und Leid zu verdrängen und zu überspielen. Sie sind nur unwillkommene Störfaktoren. Man pocht auf Willensstärke. Welch armselige Geschichte! Gott jedenfalls kann ich wie Mutter oder Vater alle meine Wehwehchen bis hin zu den echten, schweren Nöten bringen. Gott speist uns nicht mit ein paar Floskeln aus der Trostschatulle ab: »Mach dir nichts draus!« – »Nimm's nicht so tragisch.« – »Es wird schon wieder werden ...«

Diese plumpe Vertröstung leistet sich Gott nicht. Eine Mutter tröstet doch nicht ihr leidendes Kind mit den drohenden Worten: »Sei still! Hör endlich auf zu weinen!« Sie drückt es vielmehr an ihr Herz. Ihre Liebe, ihr Verstehen, ihre bloße Nähe werden Trost. Der körperliche Schmerz mag bleiben, aber das Kind ist doch getröstet, weil es sich geborgen weiß in der Liebe der Mutter. Trost ist die Kraft, den Erschütterten zu stärken. Trost ist die Treue, mit der der Tröstende den Leidenden begleitet.

Trost bekomme ich von dem, dem ich vertrauen kann. Im Englischen kennen wir das Verb »to trust«: vertrauen. Auf jedem Dollarschein in den USA stehen die Worte »In God We Trust«. Ein Mensch, der Gott kindlich vertraut, ist an der Quelle echten Trostes. Beim Thema Leid bleiben offene Fragen, ja sogar Widersprüchlichkeiten und Paradoxes. Das Entscheidende ist, wie ich mit diesen offenen Fragen umgehe. Rainer Maria Rilke (1875–1926) schreibt in einem Brief »an einen jungen Dichter« (Franz Xaver Kappus): »Man muss Geduld haben mit dem Ungelösten im Herzen und versuchen, die Fragen selber lieb zu haben wie verschlossene Stuben und wie Bücher, die in einer sehr fremden Sprache geschrieben sind. Es handelt sich darum, alles zu leben. Wenn man die Fragen lebt, lebt man vielleicht allmählich, ohne es zu merken, eines fremden Tages in die Antworten hinein.« Wir müssen akzeptieren, dass wir Menschen einen unerforschlichen Gott mit unserem Verstand nicht fassen können (Jesaja 55,8.9; Hiob 42,2). Vertrauen heißt: mit unbeantworteten Fragen leben. Und dem zutrauen, dem ich vertraue: Er wird wissen, was er tut und was gut für mich ist.

Und er weiß am besten, *wann* was gut für mich ist. Eindrücklich ist für mich eine Episode aus der Fernsehserie *Nirgendwo ist Pönichen*, dem verfilmten Bestseller der Erfolgsautorin Christine Brückner. Selbst diejenigen, die sie mit dem Etikett der Unterhaltungsliteratin belegen, erkennen an, dass für Brückner »Sinnstiftung, Moral und auch Trost in der durchaus unterhaltsamen Behandlung elementarer menschlicher Themen insbesondere aus der Frauenperspektive zentrale Anliegen sind« (Wikipedia). In ihrer *Pönichen*-Trilogie (u. a. *Jauche und Levkojen*) schildert sie die Lebens- und Leidensgeschichte der Maximiliane Quindt, die 1918 als Enkelin eines Gutsbesitzers in Hinterpommern zur Welt kommt. Die adelige Familie erlebt das Schicksal von Krieg, Vertreibung und Wiederaufbau.

Unvergesslich jene Szene, die Weihnachten 1945 spielt. Die heimatvertriebene Familie sitzt im ausgebombten Berlin in einer winzigen Wohnung. Alt und Jung sind auf engstem Raum in einer kleinen Dachstube zusammengepfercht. Ein trostloses Bild des Jammers. Das neugeborene Baby, die debile, verwirrte Tante, die Kinder, die Eltern. Sie alle haben sich für den Weihnachtsabend festlich angezogen mit dem wenigen, was ihnen geblieben ist. Kleine Geschenke liegen unter einem Tannenbaum, der seinen Namen kaum verdient.

Zu Hause, auf dem Gut in Pönichen, war alles anders, herrschaftlicher, großzügiger. Doch sie haben alles verloren, ihre Heimat, ihren Besitz, viele Angehörige. Eine Szene voller Resignation, Traurigkeit und Festhalten an alten Erinnerungen. In diese Situation spricht der Vater nach alter Familientradition die Worte aus der Offenbarung des Johannes, die zerlesene Bibel hat alle Wirren der Kriegszeit überstanden. In diese ganze Trostlosigkeit hinein hört man die Worte:

> »Und ich sah einen neuen Himmel und eine neue Erde; denn der erste Himmel und die erste Erde sind vergangen, und das Meer ist nicht mehr. Und ich sah die heilige Stadt, das neue Jerusalem, von Gott aus dem Himmel herabkommen, bereitet wie eine geschmückte Braut für ihren Mann. Und ich hörte eine große Stimme von dem Thron her, die sprach: Siehe da, die Hütte Gottes bei den Menschen! Und er wird bei ihnen wohnen, und sie werden sein Volk sein und er selbst, Gott mit ihnen, wird ihr Gott sein; und Gott wird abwischen alle Tränen von ihren Augen, und der Tod wird nicht mehr sein, noch Leid noch Geschrei noch Schmerz wird mehr sein; denn das Erste ist vergangen. Und der auf dem Thron saß, sprach: Siehe ich mache alles neu!« (Offenbarung 21,1-5a)

Nach diesen Worten ist es ganz still in dem armseligen Raum. Eine Stecknadel könnte man fallen hören. Und mitten in diese ergreifende Stille hinein hört man die leise, helle Stimme der kleinen Tochter: »Und warum macht er das nicht jetzt?!« Dieses Mädchen bringt den ganzen Jammer auf einen Nenner: Wenn Gott uns doch eine neue Welt ohne Krieg, Krankheit und Leid verspricht, warum dann nicht jetzt? Das Bild von der goldenen Stadt Jerusalem und das Elend dieser Berliner Dachstube – größer können die Gegensätze gar nicht sein.

Werden wir also doch nur aufs Jenseits vertröstet und sind hier allein in unserem Schmerz? Nein, für diese leidgeprüfte Familie ist die Gewissheit, dass Gott einmal alle Tränen abwischen und eine neue Welt schaffen wird, der einzige Trost. Und die einzige Hoffnung, nicht aufzugeben. Jede lebendige Hoffnung gestaltet die Gegenwart. Deshalb liegt plötzlich ein heimlicher Glanz in dieser armseligen Dachkammer. Nicht menschliches Schulterklopfen, sondern göttliche Energie aus den Worten der Ewigkeit. Ja, Gott könnte das auch jetzt tun. Doch selbst wenn er das nicht tut, bleibt er dennoch der Gott, dem ich vertrauen kann. Dem ich zutrauen kann: Er weiß, was gut für mich ist. Das ist ohne Zweifel echter Trost. Das hilft, nicht in Resignation zu verzweifeln.

Bemühen Sie sich nie darum, alles verstehen zu wollen. Sie laufen sonst Gefahr, dass das Leid Sie fertigmacht, bevor Sie mit dem Leid umgehen lernen. Wenn Gott wirklich Gott ist, dann handelt er als souveräner Herr.

Wir werden in unserem Leid nicht für alles eine Erklärung finden. Wie wollen wir das unerwartete Sterben so vieler Menschen erklären? Wenn ein Mädchen von einem jungen betrunkenen Autofahrer überrollt wird. Wenn eine junge Mutter stirbt und ihren Mann mit vier kleinen Kindern zurücklässt. Den plötzlichen Herztod des Arbeitskollegen oder die unheilbare Krankheit. Oder die weltweiten Verstrickungen in Krieg, Not und Elend. Wie oft stehen wir hilflos davor und finden keine Erklärung! Da gibt es keine Patentantworten und keine Trostrezepte. Wie oberflächlich, ja unbarmherzig können oft menschliche Trostworte sein – auch fromme!

Lesen Sie einmal den 73. Psalm. Da denkt der Beter über die leidvollen Führungen und Fügungen seines Lebens nach. Und darüber, dass es den Gottlosen oft besser geht als den Christen (was für viele Christen häufig eine ernste Anfechtung und quälende Fragen bedeutet und sie an der Gerechtigkeit Gottes zweifeln lässt!). Er will das begreifen und verstehen. Doch dann muss er bekennen: »Aber es war mir zu schwer …« (Vers 16). Jetzt bleibt er aber nicht im Grübeln, Zweifeln und Fragen stecken. Er flieht zu Gott. »Bis ich ging in das Heiligtum Gottes …« (Vers 17).

Der Psalmbeter wechselt seinen Standpunkt und seine Sichtweise. Ein Orts- und Blickwechsel findet statt. Vom quälenden Drehen um sich selbst wendet er sich Gott zu. Von dort, wo ihm nur Lebenskräfte abgezogen werden, wendet er sich an den Ort, wo ihm Kraft zufließt. Dies gehört zu den Grundirrtümern und Irrwegen des Menschen, dass wir uns stets bei dem aufhalten, was an den Kräften zehrt, statt bei dem auszuhalten, der unsere Kräfte nährt.

Der in sich gekrümmte Mensch (lateinisch *homo incurvatus in se*) nimmt sich selbst die Luft zum Atmen, statt sich nach der Sonne auszustrecken, »die mir lachet, ist mein Herr Jesus Christ« (Paul Gerhardt, 1653). Im Lichte der Ewigkeit erkennt der Psalmbeter die Vorläufigkeit seines Leidens und zugleich die Vorläufigkeit des Glückes der Gottlosen. Er erkennt: Es ist nicht alles Gold, was ohne Gott glänzt. Es kommt eben auf das Ziel an. Nur das Ende zeigt, ob alles gut war. Nur das Ziel entscheidet über Sieg oder Niederlage, nicht die Etappe.

Georg Neumark, 1621 geboren, reiste als 20-jähriger Student von Königsberg nach Kiel. Er hatte gerade das Geld, um sich an der Universität einzuschreiben. Unterwegs wurde er überfallen und ausgeplündert. Dazu war der Winter 1641 bitterkalt, hart und entbehrungsreich. In diesen leidvollen Momenten dichtete Neumark das tröstliche Kirchenlied *Wer nur den lieben Gott lässt walten.*

Die Liedzeilen lassen etwas spüren von der überlegenen Gelassenheit eines Christen, der von seinem eigenen Leid wegblickt auf die Weite der Wege Gottes:

Denk nicht in deiner Drangsalshitze,
dass du von Gott verlassen seist
und dass ihm der im Schoße sitze,
der sich mit stetem Glücke speist.
Die Folgezeit verändert viel
und setzet jeglichem sein Ziel.

In diesen alten Worten steckt tiefe Wahrheit. Dass es einem gut geht, ist kein Beweis des Segens Gottes. Nein, ob man im Leid an Gott festhält, weil er einen festhält, das ist der Echtheitstest des Glaubens. Wer sich auf Gott verlässt, ist nie verlassen. Gott ist uns im Unglück vielleicht näher als im Glück, schließlich lässt er niemand tiefer fallen als in seine Hand. Entscheidend ist die »Folgezeit«, also das, was am Ende wirklich zählt, wenn alles zusammengerechnet wird.

Der Beter von Psalm 73 bringt sein Leid zu Gott. Hier gibt es eine Überwindung, die keine fromme Droge ist, kein schwärmerisches High-Gefühl. In der persönlichen Begegnung und im betenden Gespräch mit Gott bekommt er neue Zuversicht. Wer betet, bekommt Ordnung in sein Leben. Er verlässt seinen eigenen Standpunkt und begibt sich in die Nähe Gottes. Von hier bekommt er eine Zukunftsperspektive, die das Heute tragbar macht.

Wo ich mein Leid zu Gott bringe, wird es vielleicht nicht erklärlicher, aber auf jeden Fall erträglicher. Ich kann es vielleicht nicht verstehen, aber doch vertrauend bestehen. Gott bewahrt uns vielleicht nicht *vor* dem Leid, aber *im* Leid. Der judäische König Hiskia hat in schwerer

Stunde zu Gott gesagt: »Siehe, um Trost war mir sehr bange. Du aber hast dich meiner Seele herzlich angenommen, dass sie nicht verdürbe« (Jesaja 38,17).

In Psalm 73 heißt es: »Dennoch bleibe ich stets an dir; denn du hältst mich bei meiner rechten Hand. Wenn mir gleich Leib und Seele verschmachtet, so bist du doch, Gott, allezeit meines Herzens Trost und mein Teil« (Verse 23 und 26). Mich bewegt es immer tief, wenn ich in Wohnungen von Christen komme, die gerahmt oder geschnitzt an der Wand dieses eine Wort hängen haben: »Dennoch!« Wir verniedlichen oder verleugnen das Leid nicht, ja wir leiden unter der Last von Schicksalsschlägen. Das bringt jedoch nicht von Gott weg, sondern erst recht zu ihm hin. »Dennoch!« Und dies nicht aus Trotz, sondern aus der Gewissheit, dass er mich hält, wenn ich falle. Niederlagen können mich nicht niederlegen, wenn Gott mir aufhilft und mich festhält.

Aus der anklagenden Frage an Gott wird ein betendes Gespräch mit Gott. Jetzt ist nicht mehr der Psalmist und sein Leid das Thema, sondern allein Gott. Es ist die Gewissheit, dass über allen Zweifeln und Fragen, über Leid und Tränen dennoch gilt: Jesus genügt!

Eine Erfahrung, von der der große Intellektuelle der Antike, der Völkerapostel Paulus, berichtet. Der starke Redner war ein schwacher Mensch, gezeichnet von einem »Pfahl im Fleisch« (2. Korinther 12,7). Die Ausleger rätseln, was sich dahinter verbirgt. Meint Paulus damit seelische oder körperliche, psychische oder physische Leiden, die ihm zu schaffen machen? Waren es rasende

Kopfschmerzen, Migräne, vielleicht als Folge seiner erlittenen Steinigung (Apostelgeschichte 14,19)? Oder Depressionen? Auf jeden Fall reist der Apostel nicht auf sonnigen Höhenwegen durch die Welt, um ihr das Evangelium zu bringen. Er muss durch tiefe Täler, was ihn letztlich umso kompetenter und glaubwürdiger macht. Er ist alles andere als ein geistlicher Superheld, er ist ein gebrochener, leidender Mann. Mir sind all jene Menschen suspekt, deren Lebensmotto Lehárs Operettenmelodie ist: »Immer nur lächeln, immer vergnügt!«

Aus dem Saulus wurde Paulus, aus dem Christenverfolger ein Christusnachfolger. Doch diese Bekehrung, diese Umkehr zu Gott wird nicht durch eine Fahrkarte zum Glück, eine Garantie zur Leidensfreiheit belohnt. Im Gegenteil. Der Leidensbericht des Apostels liest sich mit erschütterndem Entsetzen: Folter, Gefängnis, Steinigung, Schiffbruch, Raub, Krankheit, Erschöpfung, Hunger, Durst und Kälte. Gerade dadurch wird er zu einem glaubwürdigen Zeugen der Liebe Gottes. Er beißt nicht die Zähne zusammen, er reißt den Mund auf, um Gott zu loben (»Freude in allem Leide«) und seinen Glauben zu verkünden. Dies in einer intellektuellen Schärfe, von der heutige Gefühls-Christen nur träumen können. In Athen kreuzt er die Klinge mit den Philosophen der Antike, um das Kreuz Christi als Skandalon, als Stolperstein, zu bezeugen. Und dies umso glaubwürdiger, weil er das Kreuz eigenen Leidens trägt.

Paulus stellt sich der Realität seiner Schwäche und sagt dann jenes große Wort, das durch zwei Jahrtausende bis heute eiserne Ration lebendigen Glaubens ist. Kaum ein Satz der Bibel wird so oft zitiert wie der, der zur Jahreslosung 2012 wurde. Leider hat der üblich gewordene unhistorische und »moderne« Umgang mit dem Urtext der Bibel den ersten, entscheidenden Teil einfach unter den Tisch fallen lassen: »Lass dir an meiner Gnade genügen; denn meine Kraft ist in den Schwachen mächtig.« So zitiert Paulus Jesus Christus in seinem Brief an die Gemeinde von Korinth (2. Korinther 12, 9).

Der griechische Urtext verschärft diese Aussage noch, macht sie umso mächtiger: »Genug für dich ist meine Gnade!« Will sagen: Mehr gibt es nicht und mehr brauchst du auch gar nicht. Was für eine Provokation! Doch die zweite Seite der Medaille bringt den Glanz, die strahlende Begründung: »Denn meine Kraft wird in Schwachheit vollendet.« Gerade da, wo wir absolut nichts mehr können, will Jesus Christus seine Kraft zur Entfaltung bringen. Wenn uns alle Mittel und Möglichkeiten genommen sind, beginnen die Mittel und Möglichkeiten Gottes erst richtig zu wirken. »Nichts hab ich zu bringen, alles, Herr, bist du!«

Das widerspricht unserer Logik. Und leider auch der geistlichen Wirklichkeit mancher Frommer. Wir verlassen uns meist erst dann total auf Gott, wenn wir von allem anderen verlassen sind. Gott als Notnagel, wenn wir mit unserem Latein am Ende sind. Wir möchten gern selbst stark sein, keine Schwächen zeigen. Das lehrt uns der Gesundheitswahn, die neue Fitness- und Wellness-Religion unserer Zeit. Doch Gottes Mathematik ist anders, er ist im

Kleinsten am allergrößten, er ist in Schwachheit stark, in Ohnmacht allmächtig. Gottes Gleichung lautet: »Meine Kraft ist in den Schwachen mächtig!« Paulus ist dafür ein historisches, lebendiges und überzeugendes Beispiel.

Nichts anderes bezeugt Martin Luther 1529 in seinem Lied *Ein feste Burg ist unser Gott*, das weltweit zur Reformationshymne wurde:

Mit unsrer Macht ist nichts getan,
wir sind gar bald verloren;
es streit' für uns der rechte Mann,
den Gott hat selbst erkoren.
Fragst du, wer der ist?
Er heißt Jesus Christ,
der Herr Zebaoth,
und ist kein andrer Gott,
das Feld muss er behalten.

Es gehört zu den Grunderfahrungen des Glaubens, dass am Leid oft kein Weg vorbeiführt, aber dass Gott immer einen Weg finden will, uns klarzumachen: »Verlass dich auf mich, lass dir an meiner Gnade genügen.« – »Gerade denen, die arm und elend und in sich verzagen und alle Hoffnung aufgeben, dass noch etwas werden könne aus ihnen, gerade denen gilt das Wort der ewigen Liebe: Lass dir an meiner Gnade genügen«, so Ludwig Hofacker (1798–1828), selbst ein schwer kranker und leidender Mann, verstorben mit nur 30 Jahren, zu dessen Predigten die Menschen strömten, von dessen Wirken die

Christenheit heute noch lebt. Er faszinierte durch seinen festen Glauben, der durch sein Leiden an Überzeugungskraft nur gewann. Sein Motto: »Spricht dein Herz gleich lauter Nein, sein Wort lass gewisser sein!« Gegen das Gefühl auf dem Boden biblischer Verheißung, davon lebte Hofacker, damit überzeugte er. Nein, nicht immer vergnügt, aber: Jesus genügt!

Verwunden statt Wunder

Oft können auch Christen in bestimmten Lebenssituationen nichts anderes sagen als »Kyrie eleison« – »Herr, erbarme dich!«. Es ist ein Irrtum zu meinen, Christen hätten das Privileg, dauernd »Halleluja!« rufen zu können. »Es gibt in dieser Welt und auch in meinem Glaubensleben noch kein ungebrochenes Halleluja, sondern nur das Halleluja, das immer neu durchsetzt ist von Kyrie eleison« (Kurt Heimbucher). Es ist schwärmerischer Schwachsinn, zu behaupten, wer als Christ Krankheit und Leid trägt, glaubt nicht richtig. Da gibt es Leute, die mit fromm geschwellter Brust stolz verkünden: »Wer wirklich glaubt, der ist und wird nicht krank. Leid gibt es für ihn nicht.« Welch verantwortungslose Schwärmerei!

Martin Luther konnte einmal sagen: »Gott wird durch Krankheit oft mehr verherrlicht als durch die Gesundheit.« Auch er war oft und schwer krank. Aber Luther glaubte nicht, dass die Ursache dafür etwa Glaubensarmut sei. Als ob der, der genug Glauben hat, eine Gesundheitsgarantie besitzt! Auf der anderen Seite warnte Luther aber davor, Krankheiten einfach fatalistisch als blindes Schicksal hinzunehmen. Es ist und bleibt Christenpflicht, für Kranke zu beten. Aber es steht immer unter dem biblischen Vorbehalt: »Herr, nicht mein, sondern dein Wille geschehe.«

Pfarrer Paul Deitenbeck, eine der prägenden Gestalten des Neupietismus des 20. Jahrhunderts, berichtete in hilfreicher Offenheit vom Sterben seiner erst zweijährigen

Tochter. Das schrittweise Abschiednehmen von dem an Nierenschrumpfung leidenden Kleinkind dauerte 14 Monate. Wie groß muss die Qual für die Eltern gewesen sein! »Wir haben ihr durch einen gesegneten Mann die Hände auflegen lassen und es ist viel gebetet worden für das Kind. Bis zuletzt haben wir mit einem Wunder Gottes gerechnet. Er aber hielt das Verwunden für richtiger als das Wunder.« Vielleicht war es gerade dieses Erleben, das Paul und Hilde Deitenbeck zum Segen für unzählige Leidende werden ließ.

Und das ist so viel wert in einer Zeit, wo Trauernde in die Todesanzeige drucken lassen: »Von Beileidsbesuchen bitten wir Abstand zu nehmen.« Weil man Angst hat vor den floskelhaften Trostworten, die angesichts der harten Sprache des Leides zu billig wirken. Leicht verfallen Christen dem Fehler, Leidende vorschnell mit Bibelzitaten trösten zu wollen, ohne ihre wirkliche Situation erst einmal zu erfassen. Solch unbarmherziges Vorgehen muss verbittern. »Seien wir vorsichtig, dass wir uns im Gespräch mit Leidenden nicht zu schnell in die Leidensgeschichte des anderen einmischen und zu deuten versuchen. Wir landen ganz schnell bei den Freunden Hiobs und reden viel und fromm daher« (Kurt Heimbucher).

Von Hiob selbst lernen wir dagegen, wie echte Trauerarbeit und Leidbewältigung aussehen kann: Leid ist immer subjektiv, man kann es nie verallgemeinern oder gar mit dem Schmerz der anderen vergleichen. Jeder leidet und trauert individuell. Wichtig ist, die eigene Machtlosigkeit zu akzeptieren: »Nichts hab ich zu bringen, alles, Herr, bist du!« Auch das Leid muss man akzeptieren, nicht dagegen rebellieren oder es einfach negieren. Flucht aus der Realität macht das Leben letztlich nur noch schwerer. Man darf den Schmerz und die Tränen einfach zulassen, muss sie nicht verdrängen, vertuschen oder gar betäuben. Den Schmerz mit Gott teilen, er ist *der* Schmerzensmann, wie wir es eindrucksvoll im Passionslied singen.

Weinen und Klagen sind erlaubt, ja geradezu erwünscht, wenn sie die richtige Adresse haben: Jesus Christus, den Leidenden am Kreuz. Und den Schmerz auch mit Freunden, mit Menschen, die einem besonders nahestehen, teilen. Und diese Freunde sollten dann, anders als bei Hiob, einfühlsam reagieren. Es gibt Menschen, die verbreiten durch ihren aufgesetzten Optimismus Entmutigung statt Ermutigung. Das schafft eine gnadenlose Atmosphäre. Nur erlittenes Leid führt zu erfahrener Tröstung. Und die darf ich dann weitergeben (2. Korinther 1,3-11).

Wir sagten es: Der Völkerapostel Paulus hatte durch sein ganzes Leben eine Leidenslast zu tragen. Immer wieder habe er Gott angefleht, dieses Leid von ihm zu nehmen, schreibt er. Doch Christus habe ihm geantwortet: »Lass dir an meiner Gnade genügen, denn gerade in deiner Schwachheit will ich mich mächtig erweisen« (so die wörtliche Übersetzung von 2. Korinther 12,9).

Am Leben des Paulus können wir lernen: Sein Mut zur eigenen Schwachheit hat ihn ermutigt, anderen Menschen in ihrer Schwachheit Mut zu machen. Der Kirchenvater Augustin konnte sagen: »Gott erhört dich vielleicht nicht nach deinem Willen, aber er erhört dich zu deinem Heil.« Leidgeprüften Christen Glaubensmangel vorzuwerfen, das ist pharisäerhafte Arroganz. Der priesterliche und seelsorgerliche Dienst an ihnen bedeutet, ihnen Mut zum Glauben zu machen, statt ihnen Mangel an Glauben vorzuwerfen.

Von der Bibel her müssen wir festhalten: Verfolgung und Leiden sind im Leben eines Christen etwas Normales und kein Betriebsunfall. Der Glaube an Christus bringt uns nicht in die sonnige Sphäre lachender Leidlosigkeit. Er heißt uns vielmehr, das Kreuz auf uns zu nehmen (Markus 8,34) und Christus ähnlich zu werden (Philipper 2,5). »Gottes heiliger Geist führt uns tiefer in Christus hinein und nicht über Christus hinaus« (Hans von Keler). Schwärmerei ist purer Hohn auf die Leiden Christi! Der irische Literaturwissenschaftler C. S. Lewis (1898–1963), weltbekannt durch seine verfilmte Buchreihe *Die Chroniken von Narnia*, erklärt die Bedeutung von Leid so: »Gott flüstert in unseren Freuden, er spricht in unserem Gewissen; in unseren Schmerzen aber ruft er laut. Sie sind sein Megafon, eine taube Welt aufzuwecken."

Wie oft überfällt uns Christen Wehmut und Trauer. Leid und Schmerzen lassen Tränen fließen. Lassen Sie sich nicht einreden, derjenige wäre frommer, der wenig Tränen weint. Es könnte gar das Gegenteil richtig sein. Denn Christen weinen nicht ins Leere hinein. Sie wissen um den, der einmal selber alle unsere Tränen abwischen wird: Jesus Christus (Offenbarung 21,4). Der große schwäbische Theologe Johann Albrecht Bengel sagte: »Christen, die nicht weinen, und meinen, sie seien besonders glaubensstark, sollten sich nicht täuschen. Gott kann ihnen dann am Ziel nicht einmal die Tränen abwischen.«

Geborgen in Gottes Hand

Auch im Leid habe ich es noch mit Gott zu tun. Ich bin kein Spielball eines blinden Schicksals. Gottes Zusage gilt: »Fürchte dich nicht, denn ich habe dich erlöst; ich habe dich bei deinem Namen gerufen; du bist mein! Wenn du durch Wasser gehst, will ich bei dir sein, dass dich die Ströme nicht ersäufen sollen; und wenn du ins Feuer gehst, sollst du nicht brennen und die Flamme soll dich nicht versengen« (Jesaja 43,1-2). Geborgen zu sein in der Hand Gottes, das gilt gerade dann, wenn uns das Wasser bis zum Halse steht und der Kummer uns verzehren will. »Nichts tröstet mächtiger als die Gewissheit, mitten im Elend von der Liebe Gottes umfangen zu sein« (Johannes Calvin).

Unlängst las ich den tröstlichen Satz: »Auch Krankheit kommt aus Gottes Hand; aber Gott behält sie auch in der Hand.« Von den Aidlinger Diakonissen stammt das glaubensfrohe Lied: »Herr, weil mich festhält deine starke Hand, vertrau ich still.« Diese Gewissheit trägt durch. Auch dann, wenn ich zu schwach bin, die Hand Gottes überhaupt zu fassen. Der gläubige Berliner Verwaltungsjurist Justus Delbrück, Mitglied der Bekennenden Kirche und des Kreisauer Kreises um Graf Moltke, wurde zwar nach Kriegsende aus dem Gestapo-Gefängnis befreit, dann aber gleich von den Sowjets in das Speziallager Jamlitz verlegt. Ein ähnliches Schicksal, das Joachim Gauck über seinen Vater erzählt, und der Beweis der Gnadenlosigkeit gottloser Diktaturen, die nur die Farben, nicht aber die menschenverachtende Gesinnung wechseln. Delbrück starb am 23. Oktober 1945 elend an Diphterie. Aus der Lagerhaft dichtet und betet er: »Wenn ich deine Hand nicht fassen kann, nimm die meine, du, in deine Hände. Nimm dich meiner Seele gnädig an, führe mich zum guten Ende.«

Nicht in der idyllischen Stunde am Schreibtisch, sondern in der Tiefe des Leides dichtet Dietrich Bonhoeffer, einer der Märtyrer des Dritten Reiches:

Und reichst du uns den schweren Kelch, den bittern,
des Leids, gefüllt bis an den höchsten Rand,
so nehmen wir ihn dankbar ohne Zittern
aus deiner guten und geliebten Hand.
Von guten Mächten wunderbar geborgen,
erwarten wir getrost, was kommen mag.
Gott ist mit uns am Abend und am Morgen
und ganz gewiss an jedem neuen Tag.

In schweren Stunden konnte Bonhoeffer dieses Gedicht als Zeugnis christlicher Gelassenheit schreiben. Und ich frage Sie: Wenn man in einem solchen Gottvertrauen sein Leid durchstehen kann, wem anders als diesem Gott wollen Sie Ihr Leben dann anvertrauen? Leid durch Abschiednehmen – das trifft jeden von uns. Abschied von lieben Menschen, von der eigenen Gesundheit und Spannkraft, von den Kindern, ja eines Tages vom eigenen Leben. Da tröstet uns das Wort des Bonner Theologieprofessors Theodor Christlieb, der einer der Väter der deutschen

Gemeinschaftsbewegung ist: »Herr Jesus, von allem müssen wir einmal Abschied nehmen, nur nicht von dir.«

Ton, Töpfer, Diamanten

Im Leid arbeitet Gott besonders an uns. Das ist oft schwer zu verstehen. Durch die Gottesebenbildlichkeit (1. Mose 1,27) ist der Mensch das wertvollste Geschöpf der ganzen Kreatur. Damit hat Gott uns zu Persönlichkeiten gemacht. Er redet zu uns in seinem Wort, der Bibel. Er lässt sich von uns im Gebet ansprechen. Er weiß, was gut für uns ist. Gott kümmert sich um uns, damit aus unserem Leben etwas wird. Jesus Christus sagt: »Ich lebe und ihr sollt auch leben« (Johannes 14,19). Für so wertvoll erachtet er uns!

Nehmen wir einmal etwas besonders Wertvolles: einen Diamanten. Roh aus dem Erdreich gebrochen, ist er ein unscheinbares Mineral. Erst durch Schleifen und Polieren wird aus ihm ein funkelnder Edelstein. Es muss hart an ihm gearbeitet werden, um ihm seinen echten Wert zu geben. Genauso arbeitet Gott an uns. Nicht um uns sadistisch zu quälen, sondern um aus uns etwas zu machen: profilierte Persönlichkeiten. Ein Autoreifen hat erst dann seine bei Aquaplaning lebensrettende Bodenhaftung, wenn das Profil gut ist. Die tiefen Kerben in das Reifengummi sind zwar Materialzerstörung, aber geben ihm erst seinen richtigen Wert.

Die Bibel gebraucht das Bild vom Töpfer und dem Ton. Gott formt uns nach seinen Vorstellungen. Das mag uns dann und wann wehtun, gibt aber unserem Leben Profil. Ton in der Hand des Töpfers (Jesaja 45,9; 64,7; Jeremia 18,6) heißt: Gott erzieht uns, damit aus uns etwas wird

(Hebräer 12,4-11). Wer ein Leben mit Profil haben will, muss sich Gottes Einschnitte gefallen lassen. Die oft »wehe Schule des Leides« lässt unser Leben reifen. Da wir das Leid aber meist nur negativ empfinden und die Pädagogik Gottes darin nicht sehen, lehnen wir uns gegen Gott auf, anstatt von Gott zu lernen. Darum haben wir heute so wenig Bodenhaftung im Glauben. Darum werden wir dauernd von jedem Wind der Lehre (Epheser 4,14) aus der Bahn geworfen.

Christus will aber, dass wir tief verwurzelt sind in ihm. Denn je tiefer unsere Wurzeln sind, desto standfester ist unser »Lebensbaum« in den Stürmen der Alltagssorgen. Festigkeit im Glauben und Verwurzeltsein in Christus gehören zusammen (Kolosser 2,6.7). Wie bekommt eine Pflanze tiefe Wurzeln? In Israel beobachtete ich es in einem Hain junger Palmen. Die zierlichen Pflänzchen hatten alle einen Stein in der Baumkrone. Sie sollen am schnellen Hochwachsen gehindert werden. Erst sollen sie Wurzeln treiben. Welch ein Bild für unser Leben!

Gott legt uns manchmal Lasten auf. Nicht um uns zu quälen, sondern um uns festzuwurzeln im Vertrauen auf ihn. Damit die Stürme des Lebens uns nicht umwerfen können und wir das Ziel nicht verfehlen. Gott hat nur ein Ziel mit uns: dass wir eines Tages bei ihm in der Ewigkeit ankommen. Dahin will er uns ziehen, in Liebe und in Leid. »Bald mit Lieben, bald mit Leiden, kamst du, Gott, mein Herr, zu mir.«

Reif werden durch Leiden für die Ewigkeit, dahinter steckt ein tiefes Geheimnis. »Wir sind nicht umsonst in diese Welt gesetzt. Wir sollen hier reif werden für eine andere Welt« (Matthias Claudius). Deshalb ist es keine weltfremde Sentimentalität, wenn wir Gott im Leid bitten: »Führ uns durch das Tränenfeld in das Land der süßen Wonne.« Oft ist es so, dass Gott nimmt, damit er Größeres schenken kann.

Unsere Grundhaltung ist entscheidend. Ob wir uns nämlich als Kinder Gottes verstehen und ihn Vater sein lassen. Dann dürfen wir erkennen: Gott ist immer positiv. Alles, was er mit uns vorhat, hat einen positiven und helfenden Sinn. Man muss nur bereit sein, seine Wege mitzugehen. Gottes Wege versteht man erst, indem man anfängt, sie zu gehen. »Leute, die in ewiger Opposition leben, kommen nie dahinter, welche Absichten Gott mit ihnen verfolgt, und tragen obendrein dazu bei, sie zu durchkreuzen« (Helmut Thielicke).

Situationen schweren Leides sind nur zu ertragen, wenn wir in engem Kontakt zu Christus und zu Christen leben. Wer im Aufblick zu Gott sein Leid erduldet, der kann auch anderen stützende Hilfe sein. Der Dichter Gottfried Benn schreibt: »Mit dem Rücken an der Wand im Gram der Müdigkeit, im Grau der Leere, wenn Sie nichts mehr haben, dann lesen Sie Hiob und Jeremia. Und dann halten Sie aus.« Der Blick auf Menschen, die ihre Leidensgeschichte mit Gott hatten, kann eine große Ermutigung sein. Viel mehr aber der Blick auf Jesus Christus, der wie kein anderer sein Leid um Gottes willen trug.

Am 10. Dezember 1942 schreibt Jochen Klepper als letzten Eintrag in sein Tagebuch: »Nachmittags die Verhandlung auf dem Sicherheitsdienst. Wir sterben nun – ach, auch das steht bei Gott. Wir gehen heute Nacht gemeinsam in den Tod. Über uns steht in den letzten Stunden das Bild des segnenden Christus, der um uns ringt. In dessen Anblick endet unser Leben.« Wer Auge in Auge mit Jesus lebt, der darf auch im Leid mit seiner Gegenwart und Hilfe rechnen.

Im Anblick Jesu leben heißt: im Gebet leben. Beten richtet auf. Beten lässt aufatmen, weil es entlastet. Leid bringt Unruhe ins Leben, Beten schafft inneren Frieden. Kummer verliert schon dort einen Teil des Druckes, wo ich ihn im Gebet vor Gott beim Namen nenne. Im Blick auf Jesus fällt Licht in mein dunkles Lebenslabyrinth. Wir dürfen ihn in unsere Leidenssituation hineinrufen. Sein Nahesein schenkt uns das tröstende Wort: »Fürchte dich nicht!« (Klagelieder 3,55-57).

Im Anblick Jesu leben heißt auch: in seiner Gemeinde leben. Dort zu sein, wo Brüder und Schwestern tragen helfen durch Wort und Tat. Und durch ihr Gebet. Da, wo Glaube und Hoffnung zu schwinden drohen, sind es oft unsere Mitchristen, die uns wieder aufhelfen. »Darum braucht der Christ den Christen, der ihm Gottes Wort sagt, denn aus sich selbst kann er nicht helfen. Der Christus im eigenen Herzen ist schwächer als der Christus im Worte des Bruders« (Dietrich Bonhoeffer). Ein äthiopisches Sprichwort sagt: »Das Wort, das dir hilft, kannst du dir nicht selber sagen.«

Wenn jemand krank ist – so empfiehlt der Jakobusbrief (5,14) –, dann rufe er Mitchristen, die mit ihm und für ihn beten. Betende Hände sind zupackende Hände. Sie geben nicht auf, auch nicht im Leid. Martin Luther bekennt in einem Brief an Melanchthon nach einer kritischen Krankheitswoche: »Als hätte ich fast den ganzen Christus verloren, wurde ich von Sturm und Wellen der Verzweiflung und der Lästerung gegen Gott hin und her geworfen. Aber durch die Bitten der Heiligen bewegt, hat Gott begonnen, sich meiner zu erbarmen.« Die Gebete der Heiligen, also der Mitchristen, können unserer dunklen, vielleicht gebetslosen Leidensnacht Licht bringen.

Wohl dem, der im Leid Menschen des kindlichen Gebets und des göttlichen Trostes um sich hat! Menschen, die mitleiden, mittragen, Fürbitte üben und das helfende

Wort im rechten Augenblick haben. Die einen auch schweigend spüren lassen: »Ich bin bei dir.« Diese oft nur kleinen Hilfestellungen können für den Leidenden Etappen des Trostes bedeuten. Etappen auf dem Weg zu neuem Lebensmut.

Eine schwer kranke Frau berichtet: »Das ist und bleibt meine Zuversicht: Ich bin in Gottes Hand geborgen. Nicht dass damit alle meine Belastungen aufhören, die den Weg so mühsam machen; auch meine Krankheit ist nicht weggenommen; auch meine Fragen sind nicht alle beantwortet oder meine Anfechtungen weggeblasen. Nein, aber wenn ich so Gottes Zuspruch erfahren habe – oft durch einen Menschen, durch einen Brief, durch ein Wort der Bibel, einen Telefonanruf oder eine Sendung des Evangeliums-Rundfunks –, dann kann ich wider Erwarten getrost dem nächsten Tag entgegensehen. Ich habe entdeckt, dass die Belastungen tragbar werden, weil ich weiß: Das, was ich jetzt erlebe und erleide, ist nicht alles. Gott hält mehr zum Heil und zum Leben für mich bereit.«

Ein Christ in mittleren Jahren wird nicht damit fertig, dass seine Frau durch einen Operationsfehler der Ärzte so jäh verstarb. »Warum musste das gerade bei meiner Frau passieren?« Wie oft, so berichtet er, habe er mit Gott gehadert. »Gewiss, man sagt sich immer wieder: Der Herr macht keine Fehler, und was auch geschieht, es wird von ihm zugelassen. Aber wenn es dann so weit ist, wird's doch schwer.« Über der quälenden Warum-Frage und dem Schmerz kommt er in die Nähe der Schwermut. Isoliert frisst er sein Leid in sich hinein.

Aber: Allein geht man ein. Erst die bewusste Hinwendung zur Gemeinde, zu Gottesdienst und Männerkreis brachte ihn in die Nähe Gottes, in die Nähe echten Trostes, weil es die Nähe tröstender Menschen war. Im Anblick Jesu leben heißt auch, das Wort Gottes immer wieder um Rat und Trost zu fragen; unser Leid mit dem Wort der Bibel zu konfrontieren (Psalm 119,50). »Das scheinbar sinnlose Leid bekommt Sinn und heiligende Kraft, wenn wir Christus in seinem Wort begegnen« (Bodelschwingh). Prägen wir uns Kernworte der Bibel ein. Das ist eine eiserne Ration für schwere Zeiten. Sie helfen uns, über alle Stimmungen, Gemütszustände und Depressionen hinweg an der Güte Gottes festzuhalten. Worte der Bibel können so zu heilender Medizin werden, weil es nicht Menschen, sondern Gottes Tröstungen sind (Psalm 94,19).

Wie viel Zuspruch und Trost finden wir in der Bibel! Hier nur einige Kernworte: Psalm 91,11-12; Jesaja 12,2; Matthäus 11,28-29; Hebräer 13,5.

Der bekannte Liederdichter Paul Gerhardt geriet in schweres Leid. Innerhalb von zwei Wochen verlor er vier Angehörige: seine Frau und drei Kinder. Gerade durch die Schwere dieses Schlages wurde ihm ein Lied geschenkt, das wir sonst nicht hätten. Unzählige Menschen hat es seitdem getröstet. Ein heller Triumphgesang mitten im Dunkel des Leides:

Warum sollt ich mich denn grämen?
Hab ich doch Christus noch,
wer will mir den nehmen?

Wer will mir den Himmel rauben,
den mir schon Gottes Sohn
beigelegt im Glauben?

Der bekannte Historiker Dr. Jürgen Spieß, Leiter des Instituts für Glaube und Wissenschaft, ist seit dem Ende des Kommunismus gefragter Referent gerade an den Universitäten des früheren Ostblocks. Vor aufmerksamen Akademikern, denen man einst durch die Pseudowissenschaft eines dialektischen Materialismus den Zugang zu Gott versperren wollte, spricht er über die historische Zuverlässigkeit der Bibel. Zuverlässig ist auch sein persönliches Zeugnis für einen lebendigen Gott, wenn er aus seinem Leben erzählt: Bei einem Verkehrsunfall kam seine Familie, Frau und Kind, ums Leben. »Jetzt bin ich zum zweiten Mal verheiratet, wir haben ein behindertes Kind.« Nach dem Unfall sei es wichtig gewesen, dass Freunde ihm Zeit und Liebe geschenkt hätten, einfach da waren: »Du bist nicht allein.«

Gestärkt und getröstet haben Jürgen Spieß die Worte der Losungen: »Am Tag der Beerdigung lautete der Liedvers: ›Sterben heißt, ans Ziel gelangen.‹ Dazu aus dem 1. Johannesbrief: ›Das aber ist die Gabe Gottes in Christus Jesus: das ewige Leben.‹ Am nächsten Tag Psalm 16: ›Mein Los ist mir auf liebliches Land gefallen.‹ Das hat mich deshalb so getröstet, weil es das Lieblingswort meiner Frau war. Am dritten Tag aus Hiob 2: ›Haben wir Gott für das Gute gedankt, sollten wir das Böse nicht auch aus seiner Hand nehmen?‹ Das ist zweifellos das stärkste

Vertrauen in Gott. Das letzte Losungswort in der Unfallwoche war aus Römer 8: ›Weder Tod noch Leben kann uns scheiden von der Liebe Gottes.‹ Für mich war es eine Gnade, dass diese Worte bei mir angekommen sind.« Was für ein Trost! Und solch ein Zeugnis kann nun anderen Trost spenden, weil es erfahrene Maßarbeit Gottes ist. Gott lässt niemanden in unvorbereitete Verhältnisse kommen.

Auch die Liederdichterin Julie Hausmann spendete Trost für Millionen. Ihr Lied ging um die Welt. Nicht frohe Stunden des Hallelujas, sondern das leidgeprüfte Stoßgebet »Kyrie eleison« (ihr Verlobter war gerade gestorben) machte diese Strophe möglich:

Wenn ich auch gleich nichts fühle
von deiner Macht,
du führst mich doch zum Ziele
auch durch die Nacht:
So nimm denn meine Hände
und führe mich
bis an mein selig Ende
und ewiglich!

Selig sind, die nicht fühlen und doch glauben. Die mitten im Leid den Anblick Jesu suchen. Gefühle sind kein Gradmesser für den Glauben. Glauben heißt: Ich vertraue mich Jesus Christus an und weiß, dass diese Lebensverbindung auch dann trägt, wenn ich nicht mehr Halleluja sagen kann. Glauben heißt: wissen, was trägt.

Überraschende Prozesswende

Wie kann Gott das Leid eigentlich zulassen? Wie kann er uns all das aufbürden? Wie kann er über uns zu Gericht sitzen, wo wir auf dieser Erde so viel Kummer und Not ertragen müssen? Es gibt eine Geschichte, die mir zur Beantwortung dieser Frage geholfen hat:

Am Ende der Zeiten versammeln sich Millionen Menschen vor dem Thron Gottes. Die einen schauen ängstlich in das gleißend-helle Licht. Andere kümmert das alles nichts. Sie stehen in Gruppen zusammen und diskutieren hitzig miteinander. Sie haben nur ein Thema: Wie kann Gott das Leid zulassen, das die Menschen jetzt im Lebensrückblick so aufgehäuft und erdrückend sehen. »Das soll ein Gott der Liebe sein?! Wie kann er über uns zu Gericht sitzen? Was versteht er schon von unserem Leid? Hat er denn jemals leiden müssen?«, faucht eine alte Frau mit schneidender Stimme. Sie zieht ihren Ärmel hoch und zeigt auf die eintätowierte Nummer eines Konzentrationslagers.

Ein farbiger junger Mann öffnet aufgeregt seinen Hemdkragen: »Schaut euch das an«, fordert er die Umstehenden auf und zeigt seine Wundmale am Hals, Male eines Strickes. »Gelyncht haben sie mich, nur weil ich schwarz bin und nicht weiß. In Sklavenschiffen haben sie uns verschleppt. Von unseren Liebsten wurden wir getrennt. Wie Tiere mussten wir arbeiten. Soll das ein Gott der Liebe sein?« Ein junges Mädchen starrt still und teilnahmslos vor sich hin. Auf ihrer Stirn das Wort zu lesen: »Unehelich«.

Überall kommt jetzt ärgerliche Stimmung auf. Die Leute sind empört. Und jeder richtet seine Klage gegen Gott, weil er das Böse, das Leid, das Unrecht in der Welt zugelassen hat. Das will ein Gott der Liebe sein ... »Wie gut hast du es doch, Gott«, sagen sie alle. »Wie gut hast du es in deinem Himmel in all der Schönheit und Helligkeit. Bei dir gibt es keine Tränen, keine Angst, keinen Hunger, keinen Hass, kein Leid. Ja, du hast es gut. Aber wir? Kannst du dir überhaupt vorstellen, was der Mensch alles erdulden muss? Was es heißt, Leid zu ertragen und Tränen zu weinen? Schließlich führst du, Gott, doch ein behütetes und beschauliches Dasein ...« So reden die Leute über den Thron Gottes.

Und plötzlich hat jemand eine Idee: »Wir wollen Gott den Prozess machen. Wir wollen ihn verurteilen.« Jede der Gruppen wählt sich einen Sprecher. Es ist immer derjenige, der in seinem Leben am meisten gelitten hat. Da ist ein Jude, ein Schwarzer, eine uneheliche Tochter, ein Unberührbarer aus Indien, ein entstellter Leprakranker, ein Bombenopfer, ein Gefolterter aus den Arbeitslagern Sibiriens ... Sie alle diskutieren aufgeregt miteinander. Und dann sind sich alle mit der Formulierung der Anklage gegen Gott einig: »Bevor Gott das Recht hat, über uns zu Gericht zu sitzen, soll er erstmal ertragen, was wir Menschen auf Erden an Leid erdulden mussten. Gott soll dazu verurteilt werden, auf dieser Erde zu leben. Als Mensch.«

Weil Gott aber Gott ist, stellen die Menschen in ihrem Prozess bestimmte Bedingungen: Er soll keine Möglichkeit haben, sich aufgrund seiner göttlichen Natur selbst zu helfen. Er soll als Jude geboren werden. Damit soll er sehen, wie das ist, als Jude leben zu müssen. Die Legitimität seiner Geburt soll zweifelhaft sein. Unehelich soll er geboren werden. Niemand soll wissen, wer eigentlich sein Vater ist. Als ein solcher Mensch soll er versuchen, seinen Mitmenschen zu erklären, wer Gott ist. Ja, er soll mit dem Anspruch auf die Erde kommen, selber Gott zu sein. Von seinen engsten Freunden soll er schließlich verraten werden, nachdem er nun drei Jahrzehnte unter Entbehrungen, Verfolgung, Hunger und Anfechtungen gelebt hat. Mit falschen Anschuldigungen soll ihm der Prozess gemacht werden.

Ja, die Leute vor dem Thron Gottes übertrumpfen sich förmlich gegenseitig mit Vorschlägen, wie man Gott bestrafen soll. Schließlich soll er ja das erleiden, was ihnen in ihrem Leben widerfahren ist. Und zwar in geballter Form. Sein Prozess soll mit falschen Anschuldigungen geführt werden. Von einem voreingenommenen Gericht soll er verhört werden. Ein feiger Richter soll ihn aburteilen. Er soll erfahren, was es heißt, von allen Menschen verlassen und total einsam und hilflos zu sein. Er soll brutal gequält werden und dann grausam sterben. Und das in aller Öffentlichkeit. Eine Menge von Zeugen soll dabei sein. Sie sollen spotten, spucken, lachen, höhnen.

Die Menschen vor dem Thron Gottes sind sich einig: Gott soll auf der Erde alles das erleiden, was ihnen in der

Zeit ihres Lebens widerfahren ist. Jeder der Sprecher verkündet sein Urteil gegen Gott. Hart und erbarmungslos. Ein Prozess ohne Gnade.

Und während ein Urteilsspruch nach dem anderen vorgetragen wird, geht plötzlich ein Raunen durch die Menge. Als der Letzte sein Urteil fällt, wird es ganz still. Ein großes Schweigen macht sich breit. Ein betretenes Schweigen. Eine Stecknadel könnte man fallen hören. Alle, die Gott so grausam verurteilt haben, senken ihre Köpfe. Beschämt und erschüttert wenden sie sich ab. Keiner wagt mehr zu sprechen. Plötzlich weiß jeder dieser Leute, um was es hier geht. Jedem ist klar: Gott hat die Strafe ja schon längst auf sich genommen. Das Urteil hat er ja schon längst getragen.

Jesus kam in diese Welt. Als Sohn Gottes wurde er geboren. Von einer Jungfrau in einem ärmlichen Stall. Jesus, als Jude geboren, in den Dreck der Welt gekommen. Er behauptete, Gottes Sohn zu sein. Aber die Menschen haben ihn verkannt, verlacht, verspottet und schließlich verurteilt. Jesus, in den letzten Stunden seines Lebens einsam, total verlassen, gequält und gemartert. Alles, was man sich an Leid und Ungerechtigkeit vorstellen kann, ist zusammengeballt auf diesen einen.

Plötzlich wurde allen klar, die den angeblich so grausamen und leidvollen Gott verurteilen wollten: Das Urteil ist ja bereits vollzogen. Gott hat das Leid bereits ertragen. Am eigenen Körper hat er es durchgemacht. In der Person seines Sohnes Jesus Christus. Wir brauchen Gott gar keinen Prozess mehr zu machen. Das Urteil ist bereits gefällt. Und es ist ein Urteil zu unseren Gunsten: »Fürwahr, er trug unsre Krankheit und lud auf sich unsre Schmerzen. Wir aber hielten ihn für den, der geplagt und von Gott geschlagen und gemartert wäre. Aber er ist um unsrer Missetat willen verwundet und um unsrer Sünde willen zerschlagen. Die Strafe liegt auf ihm, auf dass wir Frieden hätten, und durch seine Wunden sind wir geheilt« (Jesaja 53,4.5).

Gott beweist seine Liebe zu uns dadurch, dass Christus für uns gestorben ist (Johannes 3,16; Römer 5,8). Das Ja Gottes zu unserem Leben können wir nicht an Gesundheit und Wohlbefinden ablesen, sondern allein am Kreuz Jesu Christi. Gott hat seinen Sohn nicht geschont, um uns zu schonen. Sein Leid macht uns nicht leidfrei, aber leidensfähig. Paulus konnte sagen, dass selbst die Tiefe menschlichen Leidens uns von dieser unendlichen Liebe Gottes nicht scheiden kann (Römer 8,35). »Es gibt ein verbreitetes Missverständnis, als ob Leiden einen Sinn hätte. Nein, es ist sinnlos. Nur ein Leiden in der Welt ist sinnvoll, das Sterben Jesu am Kreuz« (Winrich Scheffbuch).

Unter diesem Kreuz von Golgatha kann ich meine Lasten ablegen. Hier finde ich Kraft, mein Leid zu tragen. Deshalb verstehe ich den früheren ZDF-Sportchef Dieter Kürten, der einmal sagte: »Am liebsten stehe ich unter dem Kreuz.« Wo wollen wir denn sonst stehen, wenn uns Leid und Trauer die Luft zum Atmen nehmen wollen?! »Jesu Brüder, das sind die, die auch schwere Lasten tragen können, weil sie sie niederlegen unter Christi Kreuz« (Bodelschwingh). Im Anblick des für uns leidenden Christus werden Kräfte aus der Ewigkeit freigesetzt, die uns aufhelfen können. »Die Last der irdischen Leiden wird nur leicht, wenn wir unsere Gedanken auf die Ewigkeit richten« (Johannes Calvin).

Gott hilft uns nicht immer am Leiden vorbei, aber er hilft uns hindurch. Ihm kann ich vertrauen, weil er zu seiner Verheißung steht: Durch das Leid dieser Welt hindurch darf ich ankommen in seiner ewigen Welt. Dort »wird Gott abwischen alle Tränen von ihren Augen und der Tod wird nicht mehr sein, noch Leid noch Geschrei noch Schmerz wird mehr sein« (Offenbarung 21,4). »Wenn man das Ende nicht sieht, so ist alles Leiden unerträglich« (Martin Luther). Christen wissen, dass sie auf Gottes Zusage trauen können. Vertrauen heißt denn auch: Ich lerne es, mit Fragen zu leben, auf die ich auf dieser Erde keine Antwort finde. »Nicht alle unsere Wünsche erfüllt Gott, aber alle seine Verheißungen« (Dietrich Bonhoeffer).

In Neuguinea kann man auf den christlichen Friedhöfen eine interessante Entdeckung machen: Die Grabkreuze haben auf der Querlatte viele kleine Kreuze. Warum? Das große Kreuz Jesu Christi trägt die vielen kleinen Kreuze menschlichen Leidens.

Trost im Leid

Da ist eine junge Familie. Zwei prima Jungen, fünf und acht Jahre alt. Sie verehren ihre Mutter und himmeln ihren Vater an. Der strotzt vor Gesundheit und Kraft. Überall packt er mit an, wo in der Gemeinde Hilfe gebraucht wird. Jesus steht im Mittelpunkt dieser Familie.

Da trifft es sie alle wie ein Schlag: Der Vater muss ins Krankenhaus. Die Diagnose ist erschütternd: Kinderlähmung; und das mit 34 Jahren. Um die Heilungschancen steht es schlecht. Aber die Familie weiß, woher sie jetzt in all dem Leid Kraft bekommen kann. Sie weiß, dass gerade jetzt Jesus für sie da ist.

Nach Monaten steht der Vater wieder auf, verlässt das Krankenhaus und kommt nach Hause. Äußerlich ist er nicht mehr der Alte. Ein Bein zieht er nach. Aber innerlich hat sich nichts geändert. Sein Glaube ist felsenfest gegründet, weil er erfahren hat: »Die auf den Herrn harren, kriegen neue Kraft« (Jesaja 40,31). Für die ganze Gemeinde, den ganzen Ort, für Familie und Arbeitsplatz wird dieser Mann ein Glaubenszeugnis. Und es ist die gesunde Frau, die sich immer wieder am Glaubensmut ihres kranken Mannes aufrichtet. Wie oft kann er bekennen: »Dazu hat uns Gott das Leid geschickt, dass wir im Vertrauen auf ihn gefestigt werden.«

Aber dann kommt der nächste Schlag: Gehirntumor. Woran soll man sich denn jetzt noch halten? Wie kann Gott das nur zulassen? »Herr, wenn du willst, kannst du

Vati wieder gesund machen«, beteten die beiden prächtigen Jungen in kindlichem Vertrauen. Und dann steht die Familie um das Sterbebett ihres Vaters und Ehemannes. Da liegt er bleich in den weißen Kissen, der einmal vor Kraft nur so strotzte. Dessen Lebenslust so ansteckend und Mut machend war. Und jetzt bekommt er kein Wort mehr heraus. Die Lähmung hat eingesetzt. Bei klarem Verstand. Ein Bild des Jammers!

Doch da schlägt der 34-jährige Familienvater, dessen blühendes Leben jetzt qualvoll zu Ende geht, noch einmal die Augen auf. Er sieht sie der Reihe nach an: die weinende Frau, die schreckerstarrten Kinder. Und dann beginnt er zu murmeln. Ganz leise und kaum verstehbar. Es sind drei Zahlen: 297. Fragend und ratlos sehen sie sich an. »2 – 9 – 7 …«, flüstert der Vater. Dann schließt er die Augen. Die Angehörigen ahnen etwas und schlagen das alte Kirchengesangbuch auf: 297. Und mit tränenerstickter Stimme liest die junge Mutter am Sterbebett ihres lieben Mannes das Lied von Paul Gerhardt:

Warum sollt ich mich denn grämen?
Hab ich doch Christus noch,
wer will mir den nehmen?
Wer will mir den Himmel rauben,
den mir schon Gottes Sohn
beigelegt im Glauben?

Wenn der Himmel vor uns liegt, dann ist die Sterbestunde nur Abschiednehmen bis zum Wiedersehen. Hinter uns liegt nicht das Leben, bis der Tod allem ein Ende setzt. Der Tod liegt hinter uns und das Leben vor uns, weil Jesus Christus dem Tode die Macht genommen hat und uns ewiges Leben schenkt.

Eine große Trauergemeinde hat sich auf dem Friedhof eingefunden. Sie alle hat das Schicksal dieser jungen Familie tief getroffen. Am offenen Grab singt noch einmal der Jugendchor, den der so früh Verstorbene lange geleitet hat. Die Witwe hat sich ein Lied im Leid gewünscht. Ein Zeugnis lebendigen Glaubens. Angesichts des Todes bewegt es alle tief:

Erscheinen meines Gottes Wege
mir seltsam, rätselhaft und schwer
und gehen Wünsche, die ich hege,
still unter in der Sorgen Meer:
Will trüb und schwer der Tag verrinnen,
der mir nur Schmerz und Qual gebracht,
so darf ich mich auf eins besinnen:
dass Gott nie einen Fehler macht!

Wenn über ungelösten Fragen
mein Herz verzweiflungsvoll erbebt,
an Gottes Liebe will verzagen,
weil sich der Unverstand erhebt,
dann darf ich all mein müdes Sehnen
in Gottes Rechte legen sacht
und leise sprechen unter Tränen:
dass Gott nie einen Fehler macht.

Drum still mein Herz und lass vergehen,
was irdisch und vergänglich heißt,
im Lichte droben wirst du sehen,
dass gut die Wege, die er weist.
Und müsstest du dein Liebstes missen,
ja ging's durch kalte, finstre Nacht,
halt fest an diesem sel'gen Wissen:
dass Gott nie einen Fehler macht!

(1943 in Stalingrad gedichtet)

Peter Hahne
Ist das euer Ernst?!
Aufstand gegen Idiotie und Ideologie

Was ist los in unserem Land? Schüler können nicht mehr lesen und schreiben. Wer sich für Diplomatie einsetzt, gilt als Verräter. »Gendergerechte« Sprache im Zug und auf Beipackzetteln, aber nicht genug Medikamente und keine funktionierende Bahn. Wir sollen blechen für Prunk-Kanzleramt oder Politiker-Protz-Fotos. »Corona« bleibt unaufgeklärt. Warnhinweise für »Otto« oder »Harald Schmidt«, als wäre das Volk blöd. Und der Fußball ist nur noch Weltmeister queerer Hochmoral. Überall Haltung statt Leistung. Ja, ist das euer Ernst? Peter Hahne entlarvt den Schwachsinn. Wie immer mit Hirn, Herz und Humor. Sein Markenzeichen: Klartext.

Quadriga Verlag
Gb., 140 S., 11,5 × 18,5 cm
ISBN 978-3-86995-141-6

Hartmut Jaeger (Hg.)
Diagnose: Hoffnung
Menschen berichten, wie sie mit Krisen fertiggeworden sind

In diesem hochwertig gestalteten Magazin finden Sie Zeugnisse von Menschen, die Krankheit, Leid und Schmerz durchmachten und dabei Gottes Hilfe und Trost erlebten. Passende Bibelverse und Zitate ergänzen die Texte, und die ansprechende Gestaltung lädt zum Blättern und Weitergeben ein.

Br., 96 S., 19 × 26 cm
Best.-Nr. 271725
ISBN 978-3-86353-725-8